作って遊べる 子どもの art book
まいにちぞうけい 115

「作りたい！」が見つかる！
1年間の造形アイデア

竹井 史・著

はじめに

　本書は、筆者が考えたり、改良を加えたり、材料を吟味したり、援助の方法を研究したりした成果を〈作って遊べる 子どものart book まいにちぞうけい115〉としてまとめたものです。

　全ての題材が必ず子どもに興味を持って受け入れられ、遊びが長続きするものばかりです。それぞれの題材には随所に実践を成功させる援助、環境づくりなどのポイントをたくさん盛り込みました。

　子どものアートは、日常生活をベースに確かな技術を伴い世界を切り拓く新たな意味を創り出す行為です。単に大人を驚かすような作品だけをさすものではありません。本書をもとに毎日の造形活動を年間にわたって進め、創り出す喜びを感じ、子どもの感性と知性の育ちを確かなものにしていただければこんなうれしいことはありません。

竹井 史

メイト

まいにち ぞうけい CONTENTS

はじめに P.1	基本的な用具の使い方 P.30	カラーページ・春 P.6	カラーページ・夏 P.12	カラーページ・秋 P.18	カラーページ・冬 P.24

春のまいにちぞうけい

No.1  ひらひらしっぽくん 難易度★ P.34	No.2  紙テープの雨ダンス 難易度★ P.35	No.3  ダンスボール 難易度★ P.35	No.4  ミックスジュースを作ろう！ 難易度★ P.35	No.5  クルクルプロペラ 難易度★★ P.36
No.6  キンペラ 難易度★ P.36	No.7  キャンペラ 難易度★ P.36	No.8 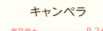 クネクネちゃん（3歳） 難易度★★ P.37	No.9  クネクネちゃん（4歳） 難易度★★★ P.37	No.10 ヘコヘコくん 難易度★★ P.37	No.11  ストロー笛 難易度★★ P.38
No.12  クルクル笛 難易度★★ P.38	No.13  ビービー笛 難易度★★ P.38	No.14  とぶとぶ紙トンボ 難易度★★ P.39	No.15  パッチンピョーン 難易度★★ P.39	No.16  スイスイこいのぼり 難易度★★ P.40	No.17  こいのぼりバッグ 難易度★★ P.40
No.18  割りばしてっぽう 難易度★★★ P.41	No.19  紙てっぽう 難易度★★ P.41	No.20 ストロロケット 難易度★ P.41	No.21  紙コップパペット1号 難易度★★ P.42	No.22  回る回るかざぐるま 難易度★★★ P.43	No.23  新聞紙マジカルツリー 難易度★★ P.44
No.24  つながる飾り 難易度★★ P.44	No.25 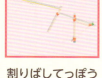 すてきなカットハウス 難易度★ P.45	No.26  キラキラロール 難易度★★ P.45	No.27  アジサイ気球 難易度★★★★ P.46	No.28  雨つぶポンチョ 難易度★★ P.47	No.29  タオルパペット 難易度★★ P.48

夏のまいにちぞうけい

No.30 ヘソヒコーキ
難易度 ★★★　P.50

No.31 いないいないばあ！
難易度 ★★　P.51

No.32 いないいないばあ！ばあ！
難易度 ★★★　P.51

No.33 水中エレベーター
難易度 ★★　P.52

No.34 七夕飾り
難易度 ★★　P.53

（No.34 続き）

No.35 のぼるおもちゃ
難易度 ★★　P.54

No.36 マジカル色水遊び
難易度 ★　P.55

No.37 すてきなジャムやさん
難易度 ★　P.55

No.38 はじき絵水着
難易度 ★　P.56

No.39 バチックおばけ
難易度 ★　P.56

No.40 ペンキやさん
難易度 ★　P.56

No.41 カラーペン染め
難易度 ★★　P.57

No.42 アサガオさん、おはよう！
難易度 ★　P.57

No.43 染め染め遊び
難易度 ★★　P.57

No.44 ペット笛
難易度 ★★　P.58

No.45 水笛
難易度 ★★　P.58

No.46 カズー
難易度 ★★　P.58

No.47 ミニペットボトルで魚つり
難易度 ★　P.59

No.48 三角パラシュート
難易度 ★★★　P.60

No.49 テープdeバッグ
難易度 ★★★　P.61

No.50 カラフルペンスタンド
難易度 ★★　P.61

No.51 どろ絵 ～手で描こう！～
難易度 ★　P.62

No.52 どろ絵 ～筆で描こう！～
難易度 ★　P.62

No.53 つるつるだんご
難易度 ★★★★　P.63

No.54 紙パック車
難易度 ★★★　P.64

No.55 紙パック風力船
難易度 ★★　P.65

No.56 回転クルクル船
難易度 ★★★★　P.65

No.57 ペットボトル動力船
難易度 ★★★　P.66

No.58 花火だドーン！
難易度 ★★　P.67

No.59 マーブリングランプ
難易度 ★★　P.68

No.60 粘土ムシ
難易度 ★　P.69

No.61 アースケーキ
難易度 ★★★　P.70

No.62 土のレストラン
難易度 ★★　P.70

No.63 手作り楽器で遊ぼう!!
難易度 ★★～★★★　P.71

No.64 ストロー人形
難易度 ★★★　P.72

秋のまいにちぞうけい

No.65 笑顔フラッグ
難易度★　P.74

No.66 運動会メダル
難易度★　P.74

No.67 六角返し
難易度★★　P.75

No.68 食紅ランチョンマット
難易度★　P.76

No.69 食紅コースター
難易度★　P.76

No.70 虹色おしゃれバッグ
難易度★★　P.77

No.71 かさ袋モコモコ人形
難易度★★　P.78

No.72 かさ袋ロケット
難易度★★★　P.79

No.73 ハロウィンモビール
難易度★〜★★★　P.80

No.74 切り紙ハロウィン
難易度★★★★　P.80

No.75 落ち葉のベッド
難易度★★　P.81

No.76 ネイチャーフェイス
難易度★　P.82

No.77 小枝のフレーム
難易度★★★　P.83

No.78 すてきな服ができた！
難易度★★　P.83

No.79 スタンピング王冠＆ドレス
難易度★★★　P.84

No.80 トンネルンルン
難易度★★　P.85

No.81 ソフト紙パックフリスビー
難易度★★★★　P.86

No.82 スペシャル紙パックフリスビー
難易度★★★★　P.86

No.83 紙コップカエル人形
難易度★★★　P.87

No.84 段ボール迷路
難易度★★★　P.88

No.85 段ボールザウルス
難易度★★★　P.88

No.86 段ボールマトリョーシカ
難易度★　P.89

No.87 みんなのおうち
難易度★★★★　P.90

No.88 ベル人形
難易度★★★　P.91

No.89 クルクルちゃん
難易度★★　P.92

No.90 紙コップパペット2号
難易度★★　P.93

No.91 紙コップパペット3号
難易度★★★　P.93

No.92 ぽんぽんボール
難易度★★★　P.94

No.93 ガオーたべちゃうぞ
難易度★★★　P.95

No.94 穴からファンタジー
難易度★★★　P.96

この本の使い方
※作品の難易度は★〜★★★★で表しています。子どもの発達に合わせて選んで下さい。

カラーページ　抜粋した作品の子どもたちの実践写真と作品写真を掲載しています。

作品名・作り方掲載ページ数　対照している作り方ページを表記しています。

実践写真はP.6〜

作り方はP.34〜

作り方ページ　全作品の詳細な作り方や環境設定などのアドバイスを掲載しています。

冬のまいにちぞうけい

No.95 スポンジ石けんケーキ
難易度★★★ P.98

No.96 お菓子の家
難易度★★★★ P.99

No.97 フェイスフラワー
難易度★★ P.99

No.98 紙皿ツリー
難易度★★★ P.100

No.99 ダンシングサンタ
難易度★★★★ P.100

No.100 クリスマスアドベントカレンダー
難易度★★～★★★ P.101

No.101 クリスマスカクタス
難易度★★★ P.101

No.102 吹きごま
難易度★★ P.102

No.103 CDごま
難易度★★ P.102

No.104 巻きごま
難易度★★★ P.103

No.105 ブンブンごま
難易度★★★ P.103

No.106 ちびっこシシマイ
難易度★★★★ P.104

No.107 バランスストロー凧
難易度★★★ P.105

No.108 ビニパック大凧
難易度★★★★ P.105

No.109 ペンギンパタパタ（紙コップパペット4号）
難易度★★★★ P.106

No.110 着せかえおひなさま
難易度★★★ P.107

No.111 色紙風船おひなさま
難易度★★★ P.107

No.112 ゆらりんおひなさま
難易度★★★★ P.108

No.113 思い出のアルバム
難易度★★★ P.109

No.114 夢のランドセル
難易度★★★★ P.110

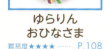
No.115 はるのかぜにのって
難易度★★★★ P.111

トビラコラム
材料を知ろう！
1. 紙の仲間 ………… P.33
2. 使い捨て用品の仲間 ………… P.49
3. 袋・ひもの仲間 ………… P.73
4. 廃材・いろいろな仲間 ………… P.97

材料・用具について

ものづくりは、人間が生活し、文化を創っていく際の基本的な行為です。
子どもたちの成長においても、発達に合わせて適切な材料、用具の経験が必要になります。材料・用具の中でもっとも基本的なものとして、はさみ、のり、紙などいくつかのものがあげられます。
本書では、幼児期にぜひ経験していただきたい用具を「お道具戦隊」としてイラストにし、親しみやすくしました。用具は危険性を伴うものがありますが、いたずらに恐れることなく、保育者の適切な援助のもと、使用する経験を積みあげてください。用具の援助・作品については、ぜひシリーズ本『造形道具の知識と技能が楽しくしぜんに育つ本』（メイト）をご参照下さい。

基本的な用具の使い方 …… P.30～

◎最も重要	○重要	用具として経験しておくと良いもの
・はさみ ・のり ・セロハンテープ ・ホチキス ・クレヨン＆パステル ・ペン ・水彩絵の具 ・鉛筆 ・筆 ・粘土板	・パレット　・穴あけパンチ ・水入れ　・カルコ（又はキリ） ・針　・段ボールカッター ・ものさし　・木工用接着剤 ・色鉛筆　・布粘着テープ ・墨　・粘着テープ ・ペンチ　・両面テープ ・食紅　・針金（アルミ） ・丸ばし　・透明プラコップ ・カッターナイフ （保育者が使用するところを見る）	・クラフトパンチ　・皿　・鍋 ・ヨート、ヒートン、ヨーオレ ・アイスクリームスプーン ・プラスチックコップやおわん ・洗面器　・バケツ　・ボウル ・チーズ削り　・ケーキ型 ・泡だて器　絞り袋　・割りピン ・綿棒　・金網　・歯ブラシ ・ハンガー　・スプーン ・千枚通し（カルコ） （保育者が使用するところを見る）

最も重要な材料 …… 紙の仲間 P.33　使い捨て用品の仲間 P.49
袋・ひもの仲間 P.73　廃材・いろいろな仲間 P.97

・色紙（折り紙）　・（色）画用紙　・工作用紙　・段ボール　・新聞紙
・紙皿　・紙コップ　・ストロー　・紙粘土　・土粘土
・輪ゴム　・割りばし　・モール　・たこ糸　・糸

春

新年度、子どもたちが
まだ落ち着かないとき。
すぐにできて、
すぐに遊べるおもちゃを作ろう。

色紙をちぎって、のりで貼るだけで……

\ こんなにながくなったよ〜！ /

ボクを上手につかってね♪

難易度 ★☆☆☆

ひらひらしっぽくん …… P.34

完成したら、すぐに遊びたい！

ビューーン!!!

紙皿でアレンジも

つけすぎ注意だよ…

ビニール袋に紙テープを入れたら……

難易度 ★☆☆☆
ダンスボール……P.35

ポンポンして！きれいだよ！

未満児でもできる
カンタンおもちゃ

\ カラフルでかわいいお友だち♪ /

難易度 ★★〜★★★★☆
クネクネちゃん……P.37

はさみの使い方の基本が
全部体験できる！

正しい使い方を
楽しく学ぼう!!

春

のりをぬりぬり♪

できたよ～

難易度 ★★☆☆
こいのぼりバッグ……P.40
作り方は

曲面に絵を描いてみよう！

ワタシも仲間に入れて～

穴から指を出したらパペットになるよ！

こんにちは！

難易度 ★★☆☆
紙コップパペット1号……P.42
作り方は

難易度 ★☆☆☆
新聞紙マジカルツリー …… P.44

マジカル行進 1・2・1・2♪

タワータイプだよ!

こっちはツリータイプ

のぞいてみて!

新聞紙に魔法をかけると……
不思議なツリーに変身!

難易度 ★★☆☆
つながる飾り …… P.44

ひろげるとつながってる〜!!

新聞紙を折ってから
人形を描いて、
はさみで切ると……

春

難易度 ★☆☆☆
すてきなカットハウス……P.45
作り方は

すてきでしょ

指先を使ってのりを
ていねいに塗ります

ペタッ！

カワイイ
ヘアスタイル♡

難易度 ★☆☆☆
キラキラロール……P.45
作り方は

テープを貼って、
キラキラ模様を作ろう

位置についてヨーイ

ドンッ！

のばしすぎ…

10

夏

夏だもん！ 汚れたら、水で流せば大丈夫！ 水や泥で思いっきり造形遊びをしよう！

コップにペンでカキカキ

お水を入れたら

あっ！色が変わったよ！

難易度 ★☆☆☆
マジカル色水遊び……P.55
作り方は

色水やさんごっこも楽しもう！

アイスクリームスプーンでぬりぬり

おいしそうなジャムでしょ

どんな味がするのかな？

難易度 ★☆☆☆
すてきなジャムやさん……P.55
作り方は

クレヨンで模様を描こう

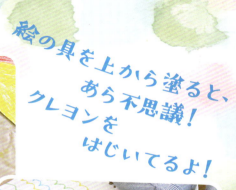

絵の具を上から塗ると、あら不思議！クレヨンをはじいてるよ！

難易度 ★☆☆☆

はじき絵水着 ……P.56 作り方は

はじいてる、はじいてる〜

かっこいいでしょ

せんたくものみたいに干してみたよ♪

夏

お気に入りのテープを
ペタペタ貼ろう♪

カラフルでかわいい♡

ワオ♡
おっしゃれ〜

難易度 ★★★☆
テープ de バッグ …… 作り方は P.61

いろんなテープを使って

完成！

難易度 ★★☆☆
カラフルペンスタンド …… 作り方は P.61

ママへのプレゼントにしようかな

14

手でどろ絵を描くと…

どろんこ遊びたのしいよね

グチャグチャだ！

どろんこ～

難易度 ★☆☆☆
どろ絵 ～手で描こう！～ ……P.62 作り方は

筆でどろ絵を描いてみようよ

難易度 ★☆☆☆
どろ絵 ～筆で描こう！～ ……P.62 作り方は

乾いたら絵の具で色をつけよう

力強くてすてきな作品！

かっこよくてボク大好き

夏

夏のおもちゃを作ろうよ！

難易度 ★★★☆
ペットボトル動力船 ……P.66
作り方は

グングン進む！

ゆっくりゆったり進むよ

難易度 ★★☆☆
紙パック風力船 ……P.65
作り方は

クルクル回っておもしろい！

難易度 ★★★★
回転クルクル船 ……P.65
作り方は

マーブリングで作った和紙を使ったランプ

難易度 ★★☆☆
マーブリングランプ ……P.68
作り方は

キレイ！

中にLEDを入れると！

たくさん自然物を
ひろってこよう!

難易度 ★☆☆☆
粘土ムシ……P.69 作り方は

真剣!

どれにする?

かわいいムシさん、たくさんできたね

自然物とどろで
遊んじゃおう!

カップケーキ

シチューだよ!

ホットケーキ

難易度 ★★☆☆
土のレストラン……P.70 作り方は

難易度 ★★★☆
アースケーキ……P.70 作り方は

とってもすてきでしょ!

17

秋

自然物をつかった造形や、作品展。芸術の秋をとことん楽しみたいね！

かわいくできた！

混色したら何色になるかな？

バッグに描いてみよう

難易度 ★★☆☆
虹色おしゃれバッグ……P.77
作り方は

難易度 ★★★★
切り紙ハロウィン……P.80
作り方は

みんなで作ろう！ハロウィン飾り

怖いカワイイコワカワだね

難易度 ★〜★★★☆
ハロウィンモビール……P.80
作り方は

難易度 ★★☆☆
落ち葉のベッド……P.81

紙粘土の人形作り＆にじみ絵を楽しもう！

おふとんをかぶせてあげましょう

何を飾る？

自然物を使って自由に製作しよう

難易度 ★☆☆☆
ネイチャーフェイス……P.82

難易度 ★★★☆
小枝のフレーム……P.83

自由な発想！すばらしい!!

秋

Let's 組み立て！

みんなで組み立て会議

みんなワイワイ楽しいね！

難易度 ★★★☆
段ボール迷路 ……P.88 作り方は

どんな恐竜にする？　そ～だねえ

ここはこんな感じでどう？

迫力が！スゴーイ！
ガオ～ッ

難易度 ★★★☆
段ボールザウルス ……P.88 作り方は

22

パクパク

難易度 ★★★☆
ガオーたべちゃうぞ …… P.95
作り方は

みててね！

ガオ〜ッ！

ホチキスでしっかりとめるんだよ

難易度 ★★★☆
穴からファンタジー …… P.96
作り方は

キレイ！

穴をのぞくと……

幻想的

ポンポン

タンポで色づけ

光って見える！
不思議の秘密
知りたいよね

何だ何だ？？？

冬

寒い季節は、子どもたちが楽しみにしている行事がいっぱい！熱い気持ちで思いっきり造形を楽しもう！

難易度 ★★☆☆
フェイスフラワー ……P.99

お菓子で作ろう！

難易度 ★★★☆
スポンジ石けんケーキ ……P.98

とってもカラフル！

食べられないのが残念

食べられるよ！

どんなケーキが食べたい？

さらにパワーUP！

クッキー、クリーム、チョコレート……何を使って作ろうかな？

チョコ大好き！

難易度 ★★★☆
お菓子の家 ……P.99

24

メリークリスマス♪ 保育室を楽しく飾ろう!

クリスマスアドベントカレンダー …… P.101
難易度 ★★〜★★★★☆

毎日めくってね

待ち遠しいクリスマス！たくさん作って楽しもう♪

ダンシングサンタ …… P.100
難易度 ★★★★

紙皿ツリー …… P.100
難易度 ★★★☆

クリスマスカクタス …… P.101
難易度 ★★★☆

25

卒園までもう少し……思い出に残る作品作りを

楽しかった園での思い出を手作りアルバムにしよう

いいものが
できそうだ

難易度 ★★★☆
思い出のアルバム……P.109

難易度 ★★★★
夢のランドセル……P.110

面ファスナーが
ポイントだね

かっこよくてかわいい1年生になろうね！

冬 **卒園式に飾りたい。子どもたちの夢の未来**

難易度 ★★★★
はるのかぜにのって
作り方は……P.111

ローラーで春の風を
イメージして

自分の型を友だちと
協力してとるよ

わたしは
こんな
かんじ!!

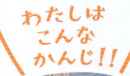

大人になったら、なりたい
自分の姿を作っていこうね

28

基本的な用具の使い方

造形活動において保育者が用具（道具）の正しい使い方を知ることはとても大切なことです。
ここでは、7つの用具を中心に、知っておきたい用具の基礎知識と環境設定についてお伝えします。

 お道具戦隊 作るんジャー登場！

はさみ

造形表現の幅をグンと広げる用具のはさみ。扱い方や安全面での配慮を子どもたちに、ていねいに伝えましょう。

柄
穴の大きさが指の大きさにあったものを選びましょう。

刀身
フッ素コート加工をしたもの、のりがつきにくいものなどがあります。

刃先
先端がとがっていない丸いものが◎。

はさみの渡し方
刃を閉じて刃の部分を持ち、くるっと向きを変えてゆっくりと渡します。

正しい使い方はコレ！

①"中央"で切る！
一般的で、万能な使い方です。

②"先"で切る！
とめ切りや細かいところを切るときには、はさみの先を使用します。

③"奥"で切る！
厚紙や紙皿などの厚くて硬い紙を切るときには、はさみの奥を使うと力が入ってよく切れます。

コレは×！ ナナメはダメ！ **NG**
はさみを横に寝かせる（斜めにする）と×。切るものに対して垂直に刃を当てましょう。

穴を開けたいときに活躍！

カルコ
千枚通し

千枚通しは、子どもの手では扱いきれない危険な用具。カルコは柄が短く、子どもの手でもしっかりと握ることができるので、幼児造形にオススメの用具。

のり類

"のり"を使って、素材同士を接着することで、表現の可能性はさらに広がります！

でんぷんのり
植物性のでんぷん（小麦粉・コメ・イモ類など）を水で煮て、のり状にしたもの。手で塗っても安全で、広い面を塗ることもできる。

液状のり
液状のりは、接着力も高いので、便利なのりのひとつ。原料は合成樹脂。のりの出る面がスポンジになっているものは、広い面にも塗りやすい。

スティックのり

塗り心地がなめらかで、手が汚れずに作業できる。写真や布もきれいに貼れる。和紙など薄い紙を貼るときなどに便利。長期間の用途には不向き。

木工用接着剤
木・布・紙などが接着できるので、立体の製作にも◎。水溶性なので、固まる前ならぬれタオルなどで落とすこともできる、保育現場でオススメの接着剤。

ボンドタッチ

通常の木工用接着剤よりノズルが細いので扱いやすい。

のりの準備のヒント

のり下紙
使い古しの包装紙や新聞紙など不要紙を、のりづけの台紙に。取替え分も準備しておきましょう。

布きん
手をこまめにふけるように用意します。水にひたしたペーパータオルや、かためのスポンジもOK。

のり
のりはしっかり指をのばして押さえて貼りましょう。「紙の上から手でアイロンをかけてね」など言葉かけを。

テープ類

様々な種類があるテープ類。接合以外にも、装飾にも使えるので表現の幅を広げてくれる用具です。

セロハンテープ
一番ポピュラーなテープ。耐久性があまりないので、長時間の接合には不向き。

しっかりとしたテープ台の活用が安全で便利！

いろいろなテープ

マスキングテープ
本来は塗装などの養生用に作られたもの。粘着力が弱く、何度でも貼り直しができ、色や模様も豊富。

両面テープ
両面に粘着面があり、片面を貼ってから反対面の剥離紙をはがして使います。幅や厚み、強度も様々なものがある。

ビニールテープ
粘着度が強く丈夫。防水性もあるので、水遊びグッズなどにも◎。工作用途で、保育者が例を見せるときに、セロハンテープ代わりに使うと、わかりやすくなる。

粘着テープ（ガムテープ）
クラフト紙製、布製のものがあり、布製はとても強力で手で切れるので便利。段ボールなど大きなものをつなげるときに便利。

キラキラテープ（リビックテープ）
メタリックやホログラム加工などがされた、装飾用のテープ。アクセントとしても◎。

テープ類のメリット・デメリット

◎メリット
乾燥させる必要がないので、スピーディーに作業が進められます。つなげる作業にも適しています。

×デメリット
手軽さ故に、なんでもテープ類を使ってしまうと、できあがりが美しくないものになってしまうことも。

ホチキス

使い方をきちんと覚えることが大切な用具のひとつ。4歳〜6歳児の平均的握力があれば十分に使用できます。

くぼみに親指を置き、ほかの4本の指で下を支え、握るように持ちます。くぼみの位置にきちんと親指を置いて握るようにしてとめます。握力が弱い場合は、とめる位置を決めたあとに両手で持つ、又は机に置いて両手で上からおさえるように使いましょう。

正しい使い方はコレ！

OK

NG
くぼみに親指があっていない。

ココ

くぼみ
親指をしっかりと合わせる。

ウラ

開くと！

リムーバー
とめた針を外したいときには、裏面にあるリムーバーを、針に差し込んで引き抜きます。しかし、力加減がむずかしいのと、取った針は危険なので、この作業は大人がおこないましょう。

セット！

ホチキスの針 ホチキスを開いて、針をセットします。

お道具コラム

定規がなくても長さがわかる!?

長さをちょっと把握したいときに便利なのが、紙コップと硬貨。豆知識としてインプットしておいて損はありませんよ！

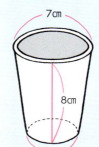

※紙コップ（205mL）

穴の直径5mm

クレヨン＆パステル

見た目が似ているクレヨンとパステル。子どもたちにとってもっとも身近な描画材の使い分け方法を知ることで、造形の可能性をもっと広げてくれるはずです。

クレヨン

描き心地は硬め。ロウ成分が多く、混色には向いていない。

パステルに比べると、透明感のある淡い感じの色合いになる。

ロウ成分が多く材質が硬いため、線描きに適している。

のびがよいので面塗りもスムースにできる。

油分が多いので、描き心地は柔らかく、混色にも向いている。

線描きした場合は、クレヨンよりも柔らかい線になる。

パステル

クレヨン＆パステル描画のポイント
しっかり持ってのびのびゴシゴシ描こう！

ペン類

各ペンの特性を知ることが大切。素材との相性などそれぞれの特徴を理解し、子どもたちに伝えましょう。

いろいろなペン

油性顔料ペン
ホワイトボード用として使用されている。不透明で速乾性がある。油性染料ペンと同様に換気には注意を。
発色：★★
耐水性：★★
耐光性：★★★

水性顔料ペン
油性ペンに比べにじみや裏写りが少ないのが特徴。また、紙以外の素材にも描けるので掲示物などにはオススメ。
発色：★★★
耐水性：★★（乾燥後）
耐光性：★★★

水性染料ペン
にじみや裏写りが少ない、幼児の造形活動でもっともよく使われるペン。
発色：★★★　耐水性：★
耐光性：★
適している遊び：●紙への描画
●にじみ絵●染め紙遊びなど

油性染料ペン
紙以外の素材の描画に向いていて速乾性に優れています。紙によって色むらが起こりやすく、薄い紙の場合は裏写りがおこります。独特のにおいの元は、原料に含まれる有機溶剤なので、使用の際には換気に注意しましょう。
発色：★★　耐水性：★★★　耐光性：★★
適している遊び：●プラスチック●金属、ガラスなどへの描画

おまけ解説

絵の具

絵の具の活動は、環境づくりをすることが大切。筆やパレットなどの使い方をきちんと知ることで、スムースにおこなうことができます。

絵の具
水性絵の具と油絵の具があり、保育で使用するのは主に水性絵の具。透明水性絵の具、ポスターカラーやアクリル絵の具などの不透明水性絵の具も使用されます。

筆
筆には大きさがあります（○号と数字で表される）。形も丸筆、平筆などがあり、材質はナイロン製が使いやすく長持ちする。

小さい部屋

大きい部屋

パレット
小さい部屋は絵の具の待機場所。必要な量だけ入れましょう。大きい部屋は、色を混ぜる（混色）ときに。小さい部屋から絵の具を取りながら混ぜますが、絵の具がにごるのを防ぐために薄い色から取りましょう。

筆洗いバケツ
大きなところから順番に筆を入れて洗います。小さなところは絵の具の溶き水に使います。

お道具コラム

食紅も使ってみよう！
絵の具と同じように水に溶いて使える。和紙などでにじみ絵をするときには、絵の具よりキレイに色が広がる。赤青黄で染め絵をするときは、黄色を3倍用意する。

※掲載している下記の用具は（株）メイトで取り扱っております。お問い合わせは、商品名、商品コードをご準備の上、貴園にお伺いしているメイト特約代理店、（株）メイトまでお問い合わせください。
はさみ／フッソコートステンレス（05465）、のり類／パレードのり（05523）、テープ類／リビックテープ（06719〜06724）、クレヨン＆パステル／ピコピコクレヨン（49278　角型16色PVCケース）・ピコピコパステル（49678　角型16色PVCケース）、ペン類／ピコピコマーカー（49676　12色PVCケース）、絵の具／ピコピコえのぐセット（49276　8色プラケース）

春のまいにちぞうけい29

カラーページはP.6〜をご覧ください。

切って、貼って、描いて、すぐにできるとっても楽しい29作品をご紹介します。

トビラコラム1
材料を知ろう！

紙の仲間

- 片段ボール
- コピー用紙
- 新聞紙
- 工作用紙
- ティッシュペーパー
- はなおりがみ
- でんぐり
- 紙テープ
- 和紙
- 色画用紙
- 丸シール
- 千代紙
- 色紙※

※本書では、「折り紙（おりがみ）」のことを「色紙（いろがみ）」と呼んでいます。折り紙は、工作に大活躍します。そんな自由度の高い紙を「折り紙」と呼んでしまうと、時に「折り紙をするためにある紙」と限定的にとらえてしまうことにもなりかねません。色紙の中核に折り紙の仕事があるわけです。折り紙は色のついた何にでも使える紙という意味で色紙（いろがみ）と呼び、折り紙をするときは、「色紙で折り紙をするよ」などと子どもたちに言葉かけをしてみてください。

33

春 ひらひらしっぽくん

No.1 難易度 ★ カラーページ P.6

ひらひらしっぽくん

破いた色紙を長くつなげるだけでしっぽのできあがり！
造形活動への意欲につながる、シンプルながらも楽しい遊び。

使おう！
お道具戦隊出動！
のり　クレヨン　ペン類

ねぇ見て！
じょうずに描けてる？

作り方　材料／色紙・紙皿
　　　　　用具／のり・クレヨン・ペン

びりびりと色紙を細長く破く
（色紙の紙の目に沿って裂く
とうまく破ける）。

破いた色紙をのりで貼り合わせて、
長いしっぽを作る。

紙皿の裏に貼る。

遊び方
長いしっぽをなびかせて走ったり、しっぽの長さを友だち同士で比べてみたり、遊び方は自由自在。しっぽをひげに見立てて遊んだり、子どもたちの自由な発想で遊ぼう。

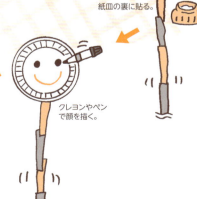

クレヨンやペン
で顔を描く。

ここはおさえて ワンポイント戦隊！

❖ 色紙の紙の目に沿って裂くと、上手に裂くことができるよ。

❖ 紙の目は、下の写真のように手で持って垂らすことでカンタンに判断できます。

紙の目

紙の目

紙の目に沿って　　紙の目に沿って
持っている　　　　持っていない

❖ ほかにも、紙又は新聞紙を破る（カンタンにまっすぐに破れるほうが紙の目に沿っている）などの方法でもわかる。

34

No.2 難易度 ★

紙テープの雨ダンス

はさみの最初の遊びにおすすめ。保育者がつくった壁面と組み合わせるとさらにステキ。

使おう！お道具戦隊出動！

↑1回切りした紙テープを雨に見立てれば、立派な壁面作品に。

作り方
材料／紙テープ・色画用紙・キラキラ折り紙
用具／はさみ・のり

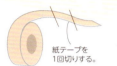

紙テープを1回切りする。

ここはおさえてワンポイント戦隊！
✦ はさみの持ち方（P.30）と一緒に体験すると◎。はさみは、3歳になったらチャレンジしよう。

No.3 難易度 ★ カラーページ P.7

ダンスボール

ボールの中で舞う紙テープが、まるでダンスをしているみたい。

使おう！お道具戦隊出動！

遊び方
できあがったボールをポンポンして遊ぶと、中の紙テープが舞ってきれい。

作り方
材料／紙テープ・透明のビニール袋・輪ゴム
用具／はさみ・セロハンテープ・ビニールテープ

紙テープを2cm幅くらいに1回切りする。

切った紙テープを透明のビニール袋に入れる。

空気を入れ、パンパンにして輪ゴムで口を結ぶ。

口と、はしをセロハンテープでとめ、丸くする。

ビニールテープを貼ってカラフルにしてもステキ。

春 紙テープの雨ダンス／ダンスボール／ミックスジュースを作ろう！

No.4 難易度 ★

ミックスジュースを作ろう！

紙テープや色画用紙でミックスジュースを作ったら、ジュースパーティーの始まり！

使おう！お道具戦隊出動！

作り方
材料／紙テープ又は色画用紙・プラスチックの透明コップ・ストロー・紙パック
用具／はさみ

好きな果物をイメージして色画用紙を選び、好きな長さに切る。

紙パックで作ったケース

何色か切ったら、半分に折って山折りにする。

コップに入れる。

メロンもはいってるよ！

ストローでかき混ぜてジュースをミックス！

ここはおさえてワンポイント戦隊！
✦ 色画用紙は4〜5色用意し、それぞれ2cm幅に切っておく。
✦ 色画用紙を色ごとに紙パックなどに入れておく。
✦ 「黄色は何味かな？」「バナナ！」「レモン！」などイメージをふくらませて楽しもう。

おいしいよ♪

No.5 難易度 ★★

クルクルプロペラ

クルクル回りながら落ちてくるプロペラ。
好きな模様を描いて自分だけのプロペラを飛ばしてみよう。

> 使おう！
> お道具戦隊出動！

 はさみ ペン類

作り方
材料／色紙
用具／はさみ・水性ペン

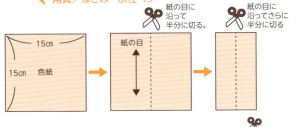

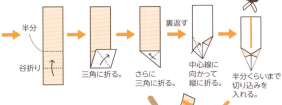

好きな模様を描いたら、均等に羽根が広がるように指でしごく。

> **ここはおさえて ワンポイント戦隊！**
> ✤ 紙の目に沿って切ることが大切（P.34参照）。
> ✤ うまくプロペラが回らないときは、羽根のそりが均一か確認する。
> ✤ 紙コップなどを使い、飛ばしたプロペラをキャッチして遊ぶのもおすすめ。
> ✤ 地面に円を描いて点数をつけておき、円に向かってプロペラを落とせばダーツに早変わり。友だち同士で点数を競い合おう。

 ナナメはダメ！

> **遊び方**
> 2枚の羽根を左右対称に広げるとプロペラが完成。プロペラの先を持って上から落としてみよう。羽根を動物の耳に見立ててウサギやキツネを描くと、かわいいクルクルアニマルに！

No.6 難易度 ★

キンペラ

クルクル回る姿がキュートなキンギョ形のプロペラは、作り方も簡単！

> **遊び方**
> キンペラの真ん中あたりをつまんで横にしてはなす。太っちょキンギョはゆっくり、スリムキンギョは早く回るよ。

> **ここはおさえて ワンポイント戦隊！**
> ✤ 水性ペンでキンギョの目やウロコを描いても楽しいよ。

作り方
材料／色紙
用具／はさみ

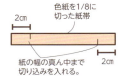
2cm　色紙を1/8に切った紙帯
紙の幅の真ん中まで切り込みを入れる。　2cm

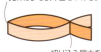
先には少し折り目をつける。
切り込み同士を組み合わせる。

No.7 難易度 ★

キャンペラ

おいしそうなキャンディ形のプロペラをたくさん作って遊ぼう。

> 使おう！
> お道具戦隊出動！
> はさみ

> **遊び方**
> キャンペラの真ん中をつまんで、横にしてはなす。

> **ここはおさえて ワンポイント戦隊！**
> ✤ 両面色紙で作ると、カラフルなキャンディ形のプロペラに。

作り方
材料／色紙
用具／はさみ

色紙を1/8に切った紙帯

2つに切る。　1cm　1cm
紙の幅の真ん中まで切り込みを1本ずつ入れる。

キャンディの形になるように切り込み同士を組み合わせる。

| No.8 難易度 ★★ | カラーページ P.7 |

クネクネちゃん（3歳）

直線切りととめ切りでできるおもちゃ。
3歳児のはさみの導入遊びにピッタリ！

使おう！お道具戦隊出動！

作り方
材料／色紙
用具／はさみ・油性ペン

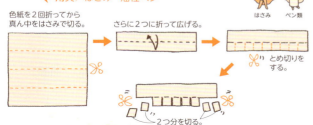

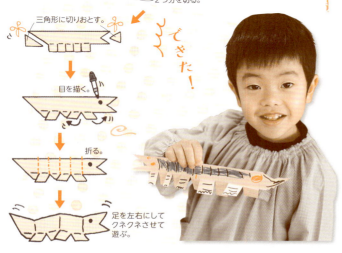

| No.9 難易度 ★★★ | カラーページ P.7 |

クネクネちゃん（4歳）

曲線切りや三角切りなど、さらに発展的な
はさみの使い方を体験できる。

使おう！お道具戦隊出動！

作り方
材料／B5サイズコピー用紙
用具／はさみ・水性ペン

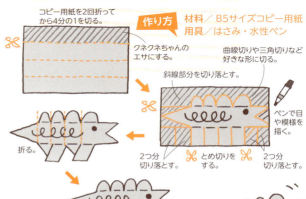

足を左右にし、胴体を
くねらせてできあがり！

春 クネクネちゃん（3歳）／クネクネちゃん（4歳）／ヘコヘコくん

| No.10 難易度 ★★ |

ヘコヘコくん

息を吹きかけると前に進むヘコヘコくん。
本物の虫のように頭をフリフリしたり、体を上下に動かそう。

使おう！お道具戦隊出動！

作り方
材料／A4サイズコピー用紙
用具／はさみ・油性ペン

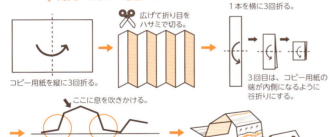

ここはおさえて ワンポイント戦隊！

❖ おしりから数えて3つめの斜面に息を吹きかけるのがポイント。

❖ 頭の方に息をふきかけると、おじぎをするように動くよ。

❖ ストローを使うと簡単に吹きかけることができるよ。

遊び方
ヘコヘコくんのおしりの方から息を"フッフッ"と吹きかけると、体を上下に動かしながら前進するよ。紙の上で動かすとうまく進む。

春 ストロー笛／クルクル笛／ビービー笛

No.11 難易度 ★★

ストロー笛

"プーッ"と音が鳴るストロー笛。ストローの長さを変えると音が変わるので、いろいろな長さのストロー笛を作ってみよう。

作り方 材料／ストロー（6㎜）　用具／はさみ

ストローを好きな長さに切る。

一方を、机の上などでつめなどを使ってできるだけ平らにする。

平らにした方の先を2㎝の位置で斜めに切ってリード（吹き口）を作る。

ここを唇で軽くくわえる。

できあがり。

ここはおさえて ワンポイント戦隊！

✻ 笛を鳴らすためにリードは2㎝にカットする。
✻ ストローの長さが変わると音の高さが異なる。色々な長さの笛を作って試してみよう。
✻ 長さの違うストロー笛を、セロハンテープで3本固定して吹いてみると、1本で吹くときとは違った音が楽しめるよ。固定する時は、少しずつすき間をとるのがコツ。

使おう！お道具戦隊出動！　はさみ

ブ〜♪　ブ〜♪　ブブ〜♪

遊び方
リード（吹き口）全体を口の中に入れて、唇で切り口の根元を軽く押さえながら息を強く吹くと、音が鳴るよ。ストローの先に手をあて、色々な音を出してみよう。

No.12 難易度 ★★

クルクル笛

色紙で作った葉っぱをクルクル巻くだけで作れるカンタン笛。

使おう！お道具戦隊出動！　はさみ　テープ類

遊び方
ストロー笛と同じようにリードの部分を口の中に入れて、息を強く吹くと音が鳴るよ。

のばしすぎ…　プ〜ッ♪　プウ〜♪

色紙（1/4）

作り方 材料／色紙、ストロー（4〜4.5㎜）　用具／はさみ、セロハンテープ

ストローを芯にして、クルクルと筒状に巻く。
最後をセロハンテープでとめる。
筒の一方を指でつぶしてリードを作る。
正面から見た形。

No.13 難易度 ★★

ビービー笛

対角線に色紙を折るだけで作れる笛は、ピィーッと鳴る大きな音が特徴。

使おう！お道具戦隊出動！　はさみ

作り方 材料／色紙　用具／はさみ

対角線に沿って折る。　色紙（1/4）

角（2か所）を1.5㎝ほど折り返す。

折り返した角を、指ではさみ口をあてて強く吹く。紙のすき間を変えると音の鳴り方も変わる。

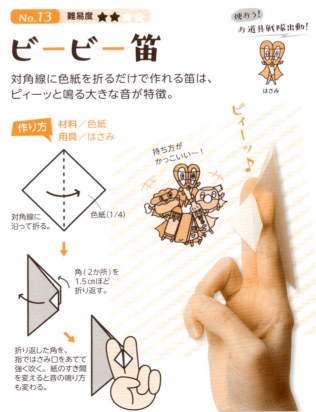

持ち方がかっこいい〜！　ピィーッ♪

No.14 難易度 ★★

とぶとぶ紙トンボ

"ブルルン"と空へ飛んでいく紙トンボ。
ポイントをおさえて、よく飛ぶ紙トンボを作ってみよう。

作り方
材料／工作用紙（2㎝×15㎝）、ストロー（4㎜又は4.5㎜）
用具／セロハンテープ、はさみ、油性ペン

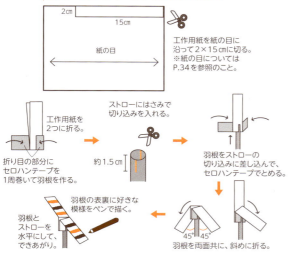

ここはおさえて ワンポイント戦隊！

✤ ストローと工作用紙をまっすぐ接合し、羽根を斜めに折るときは左右同じ角度にするなど、よく飛ばすためには正確さが大切。

✤ 子どもの手でも回転をあげるために、ストローは4～4.5㎜のものがベスト。

✤ 上手に飛ばせるようになったら、持ち方をかえて横飛ばしや逆さ飛ばしにもチャレンジ。

遊び方
最初にストローの真ん中を両手で軽くはさみ、右手を押し出し左手を手前に引いて回転させ手をすばやくはなす。

No.15 難易度 ★★

パッチンピョーン

ゴムの反発を利用して遊ぶおもちゃ。
誰が1番ピョーンとジャンプさせることができるかな？

作り方
材料／工作用紙（5㎝×6㎝）2枚、色紙、輪ゴム（16番）
用具／セロハンテープ、はさみ、油性ペン

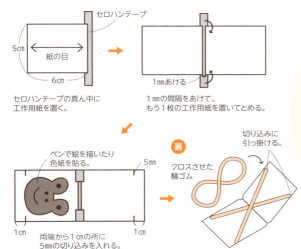

遊び方
ゴムをクロスに引っ掛けている面を2つ折りにして、押さえた手を離すとジャンプするよ。

春 スイスイこいのぼり／こいのぼりバッグ

No.16 難易度 ★★☆☆☆

スイスイこいのぼり

"ヒュン"っとななめ上に投げるだけで、スイスイ泳ぐように飛んでいくこいのぼり。子どもの日の遊びとしておすすめ。

作り方 材料／色紙
用具／セロハンテープ・油性ペン

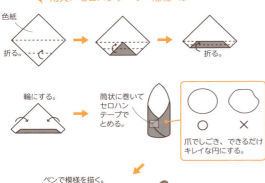

ここはおさえて ワンポイント戦隊！

❖ こいのぼりを持つときは、人差し指と中指を筒の中に入れて、親指と薬指を筒の下にそろえて持とう。

❖ 遊んだこいのぼりは壁面飾りにも◎。保育室の壁やテラスのガラスなどを空に見立てて、こいのぼりを飾れば、おもちゃへの愛着も倍増！

遊び方
手首のスナップをきかせながら斜め上に向かって投げると、泳いでいるようなこいのぼりの姿が楽しめるよ。

No.17 難易度 ★★☆☆☆ カラーページP.8

こいのぼりバッグ

大きな封筒と色紙で作るこいのぼり型バッグ。
作ったあともバッグとして楽しめるので、子どもたちも大喜び。

使おう！お道具戦隊出動！
はさみ／テープ類／のり／ペン類

作り方 材料／クラフト封筒・両面色紙・色紙・リボン
用具／はさみ・セロハンテープ・のり・油性ペン・カルコ（又はキリ）

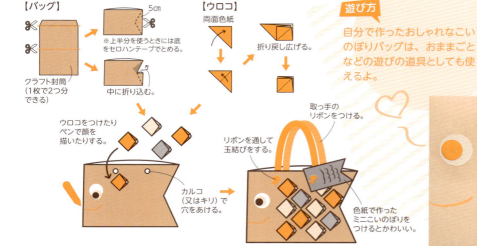

遊び方
自分で作ったおしゃれなこいのぼりバッグは、おままごとなどの遊びの道具としても使えるよ。

40

No.18 難易度 ★★★

割りばしてっぽう

かっこいいてっぽうを完成させたら、的を作って遊ぼう。
上手に的に輪ゴムを当てることができたかな？

使おう！お道具戦隊出動！
はさみ／ペン類

遊び方
てっぽうの先端の溝と、引き金になっている真ん中の割りばしに輪ゴムを掛ければ準備OK。引き金を引けば輪ゴムが"ビューン"と飛んでいくよ。

輪ゴム↓

作り方　材料／割りばし1ぜん・輪ゴム
　　　　　用具／はさみ・油性ペン

- 割りばし1本を、はさみで3等分に切れ目を入れ、折る。
  ＊まわしながらはさみの奥で切れ目を入れると折りやすい。
- 折った1本を、長いままのもう1本と重ねて輪ゴムで巻き、中央までずらす。
- 折った残りの短い割りばしを輪ゴムでとめてV字に開く。
- V字にしたものと長い割りばしを重ねて輪ゴムを巻いてとめる。
- ペンで好きな模様をつけて、できあがり。
- 長い割りばしの先端をはさみで挟み、輪ゴムを引っかける溝を作る。

ここはおさえて ワンポイント戦隊！

- てっぽうを作るときは、的もセットで作ろう。作ったてっぽうは絶対人へ向けないことを、子どもたちに注意するように徹底を。
- 輪ゴムが当たったときに倒れやすい的を作ろう。ペットボトルや厚紙で的を作ると倒れやすいよ。
- 的の底に1・2・3など数字を書き入れ、得点表を作り、友だち同士でチーム対戦すると数計算に対する興味も出て盛りあがる。

No.19 難易度 ★★

紙てっぽう

"パァーン"とてっぽうみたいな大きな音がするよ。

使おう！お道具戦隊出動！
ペン類

作り方　材料／B4又はA3サイズのコピー用紙
　　　　　用具／油性ペン

- コピー用紙を真ん中で2つに折る。

- 四隅の角を、中心線に向かって折る。

- 中心線で2つに折る（間を少し開ける）。
- 縦に2つに折る。
- 一方を起こして中を広げ、四角にして押さえる（もう一方も同様にする）。

- できた四角形を半分に折る。好きな模様をペンで描いてもよい。

遊び方
紙てっぽうの端の部分を持って、上から思い切り振りおろしてみよう。紙てっぽうは端の部分を持って、降りおろすときに手首を使うと音が大きく鳴るよ。

パァーン！

No.20 難易度 ★

ストローロケット

太細2種類のストローで作れる簡単ロケット。

使おう！お道具戦隊出動！
はさみ

ここはおさえて ワンポイント戦隊！

- ストローは必ず6㎜と4～4.5㎜のものを選ぶ。
- 割りばしてっぽうと同様に的を作って遊ぼう。

遊び方
発射台にロケットをセットしたら、"プーッ"っと6㎜ストローを吹こう。

プーッ！

作り方　材料／曲がるストロー（6㎜・4～4.5㎜）
　　　　　用具／はさみ

- 6㎜ストローの先を約3㎝切る。
- 4～4.5㎜ストローの先を2つに折る。
- 切った6㎜ストローを差し込む。
- 6㎜ストローの発射台に、ロケットをセットしてスタンバイ。

発射台になる。　ロケットになる。

春　割りばしてっぽう／紙てっぽう／ストローロケット

41

| No.21 難易度★★ | カラーページP.8 |

紙コップパペット1号

ダンスを踊ったり、パペット同士でおしゃべりしたり、指を使って遊ぶことで表情豊かなパペットに。

使おう！
お道具戦隊出動！

ここはおさえて ワンポイント戦隊！

✿ はさみを入れる穴を大きくするために使う用具は、鉛筆が使いやすい。

遊び方 紙コップに開けた穴の部分がパペットの手に。穴の部分に人差し指と中指を入れて遊ぼう。

作り方 材料／紙コップ
用具／カルコ（又はキリ）・鉛筆・はさみ・油性ペン

紙コップにカルコ（又はキリ）で穴を開ける。

→

穴に鉛筆を差し込んで回し、穴を大きくする。

→

はさみで少しだけ切り込みを入れて、さらに穴を大きくする。はさみの切り込みは4つ又は8つ入れる。

↓

ペンで顔を描く。

↑指をチョンチョンと動かしながら「こんにちは！」「元気？」と子どもたちの遊びがどんどん広がります。

コップのフチを切って広げるとスカートにもなる。

No.22 難易度 ★★★

回る回るかざぐるま

風を真正面に受けて歩くだけでクルクル回るかざぐるまは、
昔から子どもたちに人気のおもちゃ。

使おう！
お道具戦隊出動！

はさみ　テープ類

裏を拡大！

ボクにもクルクル回せるかな？

遊び方

かざぐるまは正面から風を受けてクルクル回る伝承おもちゃ。かざぐるまを持って走って回す場合は、風を真正面に受けるように持つとよい。

ここはおさえて ワンポイント戦隊！

✤ かざぐるまの羽根や穴の位置は、子どもの発達に応じて細やかなサポートが必要。線や点で切る部分をペンで示したり、あらかじめ切ったり穴を開けたりの工夫をしよう。

✤ 自ら工夫してかざぐるまを回すことが考えることにつながるので、回し方はすぐに教えず、自分で見つけられるように援助しよう。

作り方

材料／色紙・ストロー（4mmか4.5mm）・つまようじ・割りばし
用具／はさみ・セロハンテープ

色紙を対角線に沿って折り、赤線のところに切り込みを入れる。

ストローを2cm×1と1cm×2に切る。

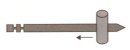
1cmのストローの側面をつまようじで串刺しして、つまようじの頭の部分でとめる。

2cmのストローをつまようじに通す。

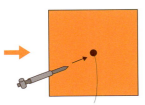
色紙の中心につまようじを通す。

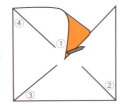
色紙の角を1つおきに返し、つまようじに順に刺していく。

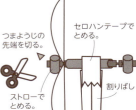
つまようじの先端を切る。
セロハンテープでとめる。
ストローでとめる。
割りばし

春 新聞紙マジカルツリー／つながる飾り

No.23 難易度 ★ カラーページ P.9

新聞紙マジカルツリー

筒状の新聞紙を引っ張るだけで、のっぽのツリーやタワーに変身！
きれいな包装紙やカラフルな広告の紙で作ると、より華やかなタワーに。

作り方　材料／新聞紙　用具／セロハンテープ・はさみ

使おう！お道具戦隊出動！

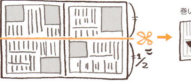

【タワータイプ】

タワータイプ

【ツリータイプ】
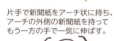
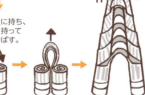

ツリータイプ

No.24 難易度 ★★ カラーページ P.9

つながる飾り

絵や模様を切り抜いた新聞紙を一気に広げると、
あら不思議！全部つながっているよ。

使おう！お道具戦隊出動！

作り方　材料／新聞紙　用具／ペン・はさみ

つながってるの〜♪

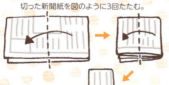

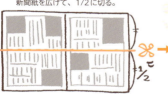

新聞紙に絵や模様をペンで描いて切り絵のように輪郭を切り抜く。
残す（2cm以上）　残す（2cm以上）
残す部分は半分より上に。

新聞紙の両端を持って広げればできあがり！

ここはおさえて ワンポイント戦隊！

❖ 完成したものは壁面飾りに使おう。マジカルツリーと一緒に貼れば、壁面がマジカルワールドに。

No.25 難易度 ★ カラーページ P.10

すてきなカットハウス

カリスマ美容師になりきって、髪の毛に見立てた色紙を使って思い思いのイメージを表現してみよう。

作り方
材料／画用紙（保育者が顔などを描いておく）・色紙・色画用紙
用具／のり・クレヨン・ペン

  使おう！お道具戦隊出動！
のり類　クレヨン　ペン類

画用紙に顔を描いたものを保育者が用意しておく。

裂いた色紙を貼っていく。
色を塗る。

遊び方
ヘアデザインをイメージしながら、色紙を破って貼ってスタイリング。先を鉛筆などでカールさせたり、色紙を貼り合わせてロングヘアーにしても楽しい。

春　すてきなカットハウス／キラキラロール

色紙を紙の目に沿ってびりびりに破く。

色画用紙で帽子を作っても。

ここはおさえて ワンポイント戦隊！
❋ 色紙の紙の目に沿って裂くと、髪の毛のように細長くうまく裂ける（P.34参照）。

No.26 難易度 ★ カラーページ P.10

キラキラロール

いろいろなテープを貼ったり巻いたりして作ったキラキラロールは、転がしたときの見え方の違いがおもしろい。

作り方
材料／紙管（ラップやトイレットペーパーの芯など）
用具／キラキラテープ・ビニールテープ・はさみ

ここはおさえて ワンポイント戦隊！
❋ 3歳児は小さく切ったものを、5歳児は長く切ったテープを用意するなど、発達によってテープの長さを変えよう。
❋ 筒の中に不要になった単三の乾電池を貼りつけると、おもしろい動きになるよ。

使おう！お道具戦隊出動！

テープ類　はさみ

紙管にいろいろなキラキラテープやビニールテープを巻く。

のばしすぎ…

平らなところや斜面などを転がして遊びましょう。

おもしろ〜い！

コロコロ　コロコロ

45

No.27 難易度★★★★
アジサイ気球

切り紙やとめ切りなど、はさみを使った様々な作業を体験できる年長クラス向けの発展的な作品。

大作に挑戦してみて！ 立体的だよね〜

遊び方
アジサイ気球は壁面飾りにピッタリ。ジメジメした梅雨の時季でも、気分が明るくなる作品に。

ここはおさえて ワンポイント戦隊！

❖ 切り紙をするときは、"切ったら、どんな模様が出てくるかな？"などの言葉かけを。
❖ 色紙を編むときは、色違いの紙にするとわかりやすい。

作り方
材料／色紙・ざる・和紙・画用紙・フェルト・発泡球・アクリル絵の具（白）・綿ロープかテグス・毛糸
用具／鉛筆・はさみ・木工用接着剤・筆・のり・紙袋・カッターナイフ

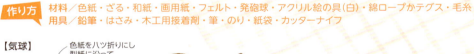

【気球】
- 色紙を八ツ折りにし型紙に沿って下書きする。
- 下書きに沿って切り紙して広げて花にする。
- カットした和紙
- 水で溶いた木工用接着剤を筆で塗りながら、ざるに和紙を貼り重ねる。
- はみ出た部分は内側に折り込む。3重くらいに貼り重ねるときれいに仕上がります。
- 気球にのりで貼りつける。

【カゴ】

- 色紙2枚を3回折り、8等分に折り線をつける。
- 1枚は折り線に沿って切り、8本の帯を作る。
- もう1枚は上部1cmで折り、折り線まで切り込みを入れる。
- 切り取った紙帯を図のように上下に通し、2本目は上下を逆にしながら編む（途中ずれないように、のりで固定する）。
- 貼る。
- 型紙の下書きに沿って切り紙して広げて葉っぱにする。

【動物】

- 画用紙を台紙にし、上からフェルトを貼る。カゴの中に入っているように飾りつける。
- 貼る。
- カッターで半分にした発泡球に、白いアクリル絵の具を塗り、動物の鼻などにして貼るときれい。

完成したら紙袋に貼りつける。綿ロープなどでざるとつないで気球の形にする。

No.28　難易度★★

雨つぶポンチョ

カラービニパックで作ったレインポンチョ。どんなレインポンチョを着たいか想像しながら飾りつけをすれば、雨の日ももっと楽しく感じられるよ。

使おう！
お道具戦隊出動！

春　雨つぶポンチョ

遊び方
完成したレインポンチョを着たら、ざるで作った帽子もかぶって、変身も楽しもう。

ここはおさえて ワンポイント戦隊！

❖ ビニパックはもちろん、アクリル絵の具やテープ類も鮮やかな色を用意すれば、よりカラフルに仕上がる。

❖ 襟ぐりなどの加工や帽子の接着を保育者がおこなえば、3歳児でも作ることが可能。

❖ ハンガーにかけて保育室に飾っても壁面飾りのようで◎。

作り方
材料／カラービニパック・キラキラテープ・丸シール・アクリル絵の具・ざる・ひも
用具／はさみ・油性ペン・粘着テープ

【ポンチョ】
- 襟ぐりを半円に切る。
- わ
- そでぐりを半円に切る。
- ビニパック
- アクリル絵の具、油性ペン、キラキラテープ、丸シールなどで、模様を描く。ひもでベルトのようにしてもよい。
- ※サイズは、子どもに合わせて調整してください。

【帽子】

ざるに沿って粘着テープで内側をとめる。
残った分はまとめて内側に貼る。

長さは子どもに合わせて切ってください。

No.29 難易度★★ カラーページP.11

タオルパペット

肌触りのよいフェイスタオルに自分で描いた目や口をつければオリジナルパペットが完成。乳児のおもちゃにもピッタリ。

使おう！お道具戦隊出動！

 はさみ
 ペン類

遊び方
タオルパペットを持ってお話ししたり動かして遊ぼう。みんなで作ったパペットで人形劇をするのも楽しいね。

➡「私のお友だち、かわいいでしょ」とゴキゲンに抱っこ。

ここはおさえて ワンポイント戦隊！

✤ 丸シールや目玉シール、フェルトなどでも顔を作れる。目玉シールなら、汚れたときにシールを外して洗うことも。

✤ 子ども同士や親子のコミュニケーショングッズ以外にも、保育者の助手としても◎。

作り方
材料／フェイスタオル・輪ゴム・ポリ袋（小）・画用紙・シールなど
用具／はさみ・油性ペン

フェイスタオルを2つに折る。　タオルの両端を輪ゴムでとめる。

空気を入れたポリ袋をタオルの中に入れる。

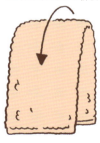

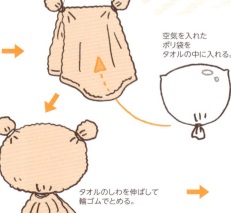

タオルのしわを伸ばして輪ゴムでとめる。

かわいい〜！

画用紙やシールなどで作った目や口を貼りつけたらできあがり。

頭のうしろに人差し指を添えるとおじぎもできるよ。

夏のまいにちぞうけい35

カラーページはP.12〜をご覧ください。

夏だからこそ汚れなんかを気にしないで楽しみたい35作品が、せいぞろいしました！

トビラコラム2
材料を知ろう！ 使い捨て用品の仲間

No.30 難易度 ★★★

ヘソヒコーキ

空へ向かってスイスイ飛んでいくヘソヒコーキ。折り方、調整のしかた、飛ばし方の3つが整うことで、よく飛ぶようになるよ。

使おう！
お道具戦隊出動！

テープ類

いけ〜っ！
とべとべ〜
GoGo〜!!

スイスーイ

遊び方
ヘソの部分を親指と人差し指でつまんでスタンバイ。風がやんだタイミングでヒコーキを斜め上に向かって思い切り飛ばそう。

ここはおさえて ワンポイント戦隊！
✤ 中心線から1mmすき間をあけるのがとても大切。
✤ ヒコーキを折るときは、つめでアイロンをしてきっちり折ろう。
✤ 手首を動かさずに、ヒコーキをななめ上に一直線に押し出すように飛ばすのがコツ。

作り方　材料／A4サイズコピー用紙・丸シール
　　　　　用具／セロハンテープ

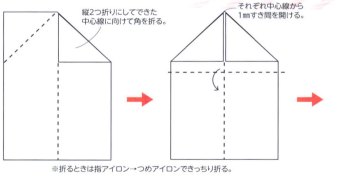

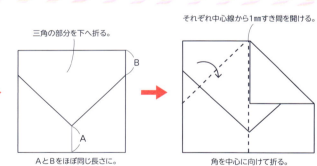

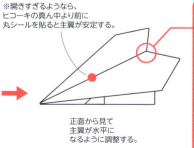

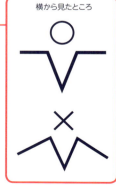
横から見たところ

No.31 難易度 ★★

いないいないばあ！

紙コップを重ねて作るしかけおもちゃ。コップに顔を描いて
ひもを引っ張ると、"いないいないばあ"をしているよう見えるよ。

作り方　材料／紙コップ2個・たこ糸
　　　　　用具／カルコ（又はキリ）・水性ペン

遊び方
片手で紙コップを持って、別の手でたこ糸を下に引っぱると、紙コップから紙コップが飛び出てくるよ。

使おう！お道具戦隊出動！
ペン類

夏　いないいないばあ！／いないいないばあ！ばあ！

ここはおさえて ワンポイント戦隊！

✢ たこ糸は固結びでしっかり結ぶ。
✢ 無理やり引っ張ると壊れやすいので、たこ糸は優しく引っ張るようにしよう。
✢ 顔以外にも、何が出てきたら楽しいかを考えて絵を描くのも楽しい。裏に描いても◎。

No.32 難易度 ★★★

いないいないばあ！ばあ！

紙コップを3段にすれば、さらに楽しいおもちゃに！

作り方
材料／紙コップ3個・たこ糸
用具／カルコ（又はキリ）・水性ペン

使おう！お道具戦隊出動！
ペン類

3段ver.はひもの長さは60cm。

いないいない…

※紙コップは軽く重ねるのがコツ！

51

水中エレベーター

No.33 難易度 ★★☆☆

伝承おもちゃとして知られる浮沈子(又はういてこい)。水中を浮沈子がエレベーターのようにあがったりさがったりするユニークなおもちゃ。

使おう！お道具戦隊出動！

はさみ　テープ類　ペン類

作り方
材料／曲がるストロー(6mm)・ゼムクリップ4〜6個・紙コップ・円筒形ペットボトル(500mL)・水
用具／はさみ・セロハンテープ・油性ペン

【アーチ ver.】

ストローを2つにたたみ、約3cmの所で切る。

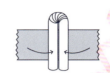
U字型になるように、セロハンテープでとめる。

左右のストローにクリップを差し込み、紙コップに水を入れてストローを浮かす。曲がるしかけの部分(頭)が少し水面に出るように調整する(クリップ4〜6個がめやす)。

ペットボトルに水をすり切りいっぱい入れ、浮沈子を静かに入れてしっかりふたをする。

上にまいりま〜す

フワ〜

遊び方
水の入ったペットボトルを手で押したり離したりしてみよう。強く押すと浮沈子がさがって、手を離すとあがってくるよ。

拡大！

【ニコニコ ver.】

あがったりさがったりしてる！不思議〜
フワ〜

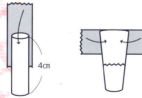
ストローを約4cmに切り、片方をつぶしてセロハンテープで上下左右からしっかり巻いてとめる。

ストローの空いたほうからクリップを2〜4個とめる(紙コップに入った水につけて頭が5mmほど出ればOK)。

ここはおさえてワンポイント戦隊！

❖ ストローに入り込む水の量が増減して浮沈子の比重が変わることで、浮沈子が動く。

❖ おもりが重すぎると浮沈子が自然に沈んでしまうので、クリップの数を減らすか、ストローを長くして調整を。

❖ 円筒形のペットボトルを使うと、手で押したりはなしたりしやすい。

No.34 難易度 ★★

七夕飾り

七夕は平安時代から続く日本の伝統行事。かわいい飾りや短冊をいっぱい作って、笹をステキに飾りつけよう。

使おう！ お道具戦隊出動！

はさみ　ペン類　テープ類

どうぶつ短冊

作り方
材料／色画用紙
用具／はさみ・水性ペン

色画用紙を2つ折りにして、切り込みを入れて広げて、顔などを描く。（紙の目に沿って切る。※P.34参照）

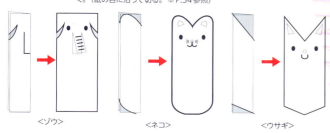
〈ゾウ〉〈ネコ〉〈ウサギ〉

遊び方 2つ折りにした色画用紙を切って広げると、左右対称のかわいい動物たちの七夕飾りが作れるよ。

天の川

作り方
材料／不織布・色紙
用具／はさみ・セロハンテープ

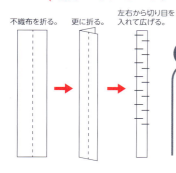
不織布を折る。／更に折る。／左右から切り目を入れて広げる。

ここはおさえて ワンポイント戦隊！
- 切り幅は1cm以上にすると形が持続する。
- 色紙で星飾りを作って貼ったり、短冊をつるすのもおすすめ。

遊び方 七夕飾りには欠かせない天の川。不織布を使うことで、天の川のしなやかな川の流れを表現できるよ。

ないしょね！短冊

作り方
材料／色紙・ひも・色画用紙
用具／はさみ・水性ペン・セロハンテープ

色紙を図のように折る。
穴を開けてひもを通す。
入れる
子どもの絵
色画用紙を人型に切って絵を描く。

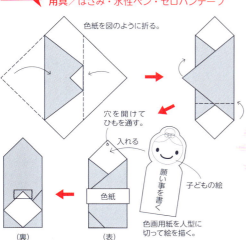
（裏）（表）色紙　願い事を書く

遊び方 願いごとを見えないように隠すことができる短冊。秘密のお願い叶うといいね！

のぼるおもちゃ

No.35　難易度 ★★

たこ糸を交互に引っぱると、輪ゴムがバネになって絵を描いた台紙がぐんぐん上にのぼっていくアイデアおもちゃ。

作り方　材料／厚紙・たこ糸(3m)・ストロー(3㎝)2本・輪ゴム2本
用具／水性ペン・はさみ・セロハンテープ

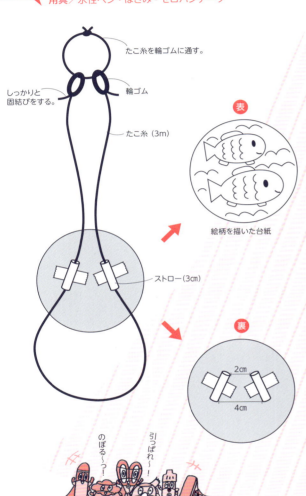

ここはおさえて ワンポイント戦隊！

❖ ストローは八の字型に。台紙は丸い形にすると糸がひっかからず、動きがスムースになる。

❖ 台紙は絵を描くだけでなく、色紙で作った魚や花を貼っても◎。

| No.36 難易度 ★ | カラーページ P.12 |

マジカル色水遊び

カラーペンと水だけでジュースを作って色の不思議さを楽しもう。

作り方
材料／透明プラスチックコップ・水
用具／水性染料カラーペン・かきまぜ棒

使おう！
お道具戦隊出動！

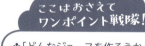

ここはおさえて ワンポイント戦隊！

✤「どんなジュースを作ろうか？」と色と味の関係を考えたり、「このジュースを飲むとどんな気持ちになる？」と想像して遊ぼう。

できあがったジュースにいろいろな名前をつけたり、味を想像しながらジュースやさんごっこを楽しもう。

| No.37 難易度 ★ | カラーページ P.12 |

すてきなジャムやさん

水彩絵の具に洗濯のりを混ぜると、ぽってりとしたジャムのような質感に！

作り方
材料／水彩絵の具・パンの絵を描いた画用紙
用具／洗濯のり（PVA表示のあるもの）・パレット・アイスクリームスプーン

使おう！
お道具戦隊出動！

のり類

ここはおさえて ワンポイント戦隊！

✤混色を楽しむ活動なので、まずはジャムのイメージを広げることが大切。「どんな色のジャムを食べたことがある？」「どんな味のジャムを作りたい？」など言葉かけをしよう。

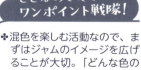
これはブドウジャムだよ

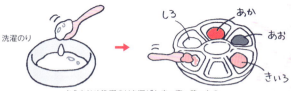

あらかじめ洗濯のりを混ぜた赤・青・黄・白の絵の具をパレットに出し、アイスクリームスプーンで混色しながらオリジナルジャムを作る。

イメージしたジャムの色ができたら、あらかじめ画用紙に描いておいたパンにジャムのように塗っていく。

ジャムの名前をつけたりジャムの味を話したりしながら遊ぼう。

夏 マジカル色水遊び／すてきなジャムやさん

55

夏 / はじき絵水着 / バチックおばけ / ペンキやさん

No.38 難易度 ★☆☆☆　カラーページ P.13

はじき絵水着

クレヨンと絵の具を使ったはじき絵（バチック）遊びを楽しもう。いろいろなデザインの水着を考えてみて。

使おう！お道具戦隊出動！
はさみ　クレヨン

作り方　材料／色画用紙・水彩絵の具
用具／はさみ・クレヨン・プラスチックコップやおわん

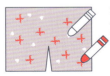
パンツ型やワンピース型に切った色画用紙にクレヨンでしっかり模様を描く。

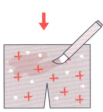
上から水彩絵の具を塗る。

どう？似合ってる？

ここはおさえて ワンポイント戦隊！

✻ クレヨンで絵を描くときは、力を入れながら強く線を描くことがポイント。
✻ 白い画用紙に描く場合は、白以外の薄い色を使って描こう。
✻ 筆は太いものを使うと塗りやすい。丸筆や平筆もおすすめ。
✻ 浮かぶ線がわかりにくいときは、絵の具を少し濃いめにして再度塗ってみよう。

No.39 難易度 ★☆☆☆

バチックおばけ

はじき絵（バチック）の技法を用いることで、自分で描いたおばけや模様が浮かびあがるよ！

使おう！お道具戦隊出動！

クレヨン

作り方　材料／画用紙・水彩絵の具
用具／クレヨン・プラスチックカップやおわん・太筆

画用紙にクレヨンでおばけや模様をゴシゴシ描く。

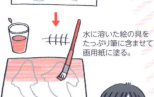
水に溶いた絵の具をたっぷり筆に含ませて画用紙に塗る。

クレヨンで描いた絵が浮かび出たら目や口、模様を描き加える。

黒い色画用紙に黒いクレヨンで描いて、白の絵の具を塗ってもおもしろい。

No.40 難易度 ★☆☆☆

ペンキやさん

ペンキやさんになったつもりで、大胆に絵の具を塗ってみよう。絵の具遊びの導入に。

使おう！お道具戦隊出動！

ペン類

作り方　材料／画用紙（四〜八ツ切り）・水彩絵の具
用具／プラスチックカップやおわん・筆・油性ペン・かきまぜ棒

絵の具をカップに入れて薄くシャバシャバに溶く（画用紙に塗ると、薄く色がわかるくらい）。

絵の具を筆にたっぷり含ませて画用紙に塗るのを楽しむ。

ここはおさえて ワンポイント戦隊！

✻「○○ちゃん、何色のペンキやさんになるの？」「わぁ、虹色のペンキやさんだね！」など、絵の具を塗る楽しさを共有できるような言葉かけを。

ペンキやさんになりたいな〜

乾燥させた色画用紙をオリジナルの色画用紙として保管し、後日に上から油性ペンで描画をして楽しみましょう。

No.41 難易度 ★★

カラーペン染め

ティッシュペーパーとペンさえあれば、簡単に染め物あそびができちゃうよ。

使おう！お道具戦隊出動！ ペン類

作り方
材料／ティッシュペーパー・新聞紙
用具／カラーペン

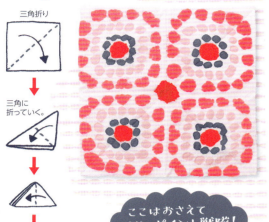

ここはおさえて ワンポイント戦隊！

- ティッシュペーパーの上にカラーペンを置いたあとは、動かさずに色をじっくり染み込ませよう。
- ティッシュペーパーを開くときは、破れないようにゆっくり広げよう。

ティッシュペーパーをたたんで水性カラーペンで染める。裏まで色が染み込んだらペンを移動させる。その後、新聞紙の上に広げて乾かす。

No.42 難易度 ★

アサガオさん、おはよう！

油こし紙をアサガオに見立ててにじみ絵を楽しめる、夏らしい作品。

使おう！お道具戦隊出動！

はさみ　テープ類

作り方
材料／油こし紙・水彩絵の具・モール・すだれ・色画用紙・新聞紙
用具／はさみ・筆・セロハンテープ・穴あけパンチ・両面テープ

【アサガオ】
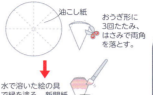

油こし紙

おうぎ形に3回たたみ、はさみで両角を落とす。

水で溶いた絵の具で縁を塗る。新聞紙の上に広げて乾かす。

白を残す。

セロハンテープで補強し、穴開けパンチで穴を開ける。

穴開けパンチで開けた穴にモールを通す。

モール

すだれにモールを差し入れ後ろでねじってとめる。

すだれ（真横）

モールをねじってとめる。

【葉っぱ】
色画用紙を半分に折り、葉っぱの形に切る。

葉っぱは両面テープで貼る。

ここはおさえて ワンポイント戦隊！

- 芯の部分は、白を残すようにするとアサガオの雰囲気が出る。
- モールをペンなどに巻きつけたものを、アサガオの葉っぱと一緒に取りつけると、アサガオのつるになる。

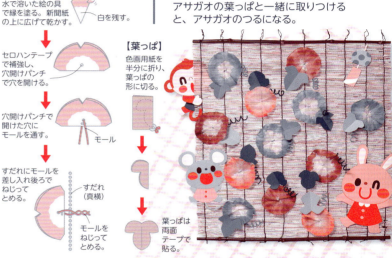

No.43 難易度 ★★

染め染め遊び

美しくて不思議な模様が楽しめる和紙染めを飾れば、保育室が一気に華やかに。

使おう！お道具戦隊出動！

なし

作り方
材料／染め用和紙・食紅3〜5色又は水性染料
用具／小皿や発泡トレイ・割りばし・新聞紙

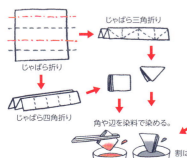
じゃばら折り
じゃばら三角折り
じゃばら四角折り
角や辺を染料で染める。

斜め三角折り
和紙を2つ折りした後、中心点を決めて図のように三角形にじゃばら折りにする。

適当な形に折って辺や角を作り、角や辺を染料に浸して染める。

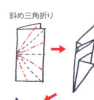

割ばしにはさんで染めると手が汚れない。新聞紙の上に広げて乾かす。

四角折り染め
斜め折り染め
三角折り染め

ここはおさえて ワンポイント戦隊！

- 食紅の黄色は、他色の2倍〜3倍量を使用する。
- 水性染料は、画材店や手芸で購入可能。

夏　カラーペン染め／アサガオさん、おはよう！／染め染め遊び

夏 ペット笛／水笛／カズー

No.44 難易度 ★★☆

ペット笛

ペットボトルで作るカンタン笛。同じ作りでも水を入れて吹く水笛と、笛の音色をくらべてみよう。

作り方
材料／ヨーグルトドリンクなどのミニペットボトル・曲がるストロー・色紙
用具／カッターナイフ・ビニールテープ・油性ペン

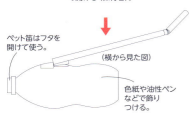

ストローの先をラグビーボールのようにつぶす。
ストローを前から見たところ
ビニールテープにストローを貼り、穴の下側に貼りつける。
（上から見た図）
1cm四方の穴をカッターナイフで開ける（保育者）。
ペット笛はフタを開けて使う。
（横から見た図）
色紙や油性ペンなどで飾りつける。

使おう！お道具戦隊出動！
テープ類　ペン類

音色が変わった!!!

遊び方
穴の開いた部分を上にして吹く。口の部分を手で覆ったり、はなしたりして音色が変わるのを楽しもう。

ここはおさえてワンポイント戦隊！
❖ 穴を開けるのはカッターナイフを使うので保育者がおこなう。
❖ カッターナイフは、刃1〜2cmを出して、缶切りのように上下させ少しずつ穴を開けると安全。
❖ 音がうまく鳴らないときには、吹きながらストローの角度を調整する。

ビィ〜♪

No.45 難易度 ★★☆

水笛

ペット笛に水を入れて強く吹いてみると、どんな音になるかな？

作り方
材料／ヨーグルトドリンクなどのミニペットボトル・曲がるストロー
用具／カッターナイフ・ビニールテープ・油性ペン

使おう！お道具戦隊出動！
テープ類　ペン類

ここはおさえてワンポイント戦隊！
❖ 水笛は水を入れて遊ぶので、装飾は油性ペンを使おう。
❖ 中に入れる水の量を変えると音が変わるので、水の量を変えて楽しもう！

フタをしめ水を入れて笛を鳴らす。

涼しげな音だね
ピロピロ〜♪

No.46 難易度 ★★☆

カズー

カズーはアフリカ生まれの笛のような楽器。口で直接くわえて音を出すよ。

使おう！お道具戦隊出動！
はさみ　テープ類　ペン類

作り方
材料／ヨーグルトドリンクなどのミニペットボトル・薄手のレジ袋・色紙
用具／カッターナイフ・はさみ・セロハンテープ・油性ペン

カッターナイフで1cm四方の穴をあける（保育者）。
薄手のレジ袋を2cm四方くらいの大きさに切る。
開けた穴をふさぐように、3か所セロテープで貼る。

できあがったら、好きなように装飾する。
レジ袋はぴったり貼らず、少し浮かせるように貼る。

ヴ〜ッ♪

「ウーッ」と声を出すと「ヴーッ」と響いて音が出るよ。

No.47 難易度 ★

ミニペットボトルで魚つり

ミニペットボトルがかわいい魚に大変身!!
S字フック同士を引っかけるだけで気軽に魚つりが楽しめるよ。

作り方　材料／割りばし・モール・S字フック2個・ヨーグルトドリンクなどのミニペットボトル
　　　　　用具／油性ペン

割ばしにモールを巻きつけ、その先にS字フックを巻きつけ、釣り竿を作る。

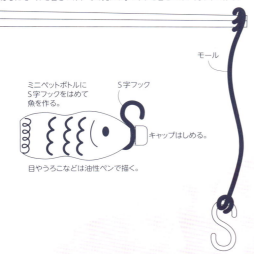

使おう！お道具戦隊出動！

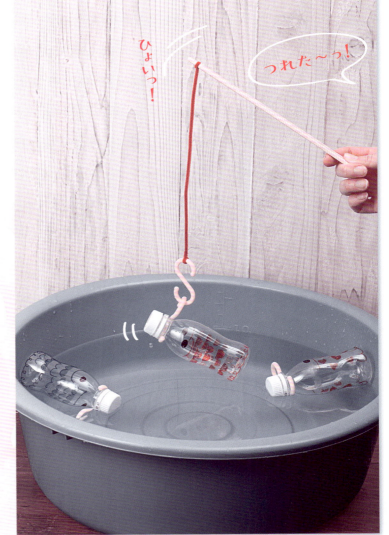

遊び方
最初は色画用紙などを水に見立てて、紙の上でつりごっこを楽しもう。慣れてきたら、実際に水に魚を浮かべて遊んでみよう。ペットボトルの中に水を入れると重量感が増すよ。

ここはおさえて ワンポイント戦隊！

✤ S字フックは、Sサイズのものがミニペットボトルにぴったりはまるよ。
✤ ビニールテープを使って装飾してもかわいい。

No.48 難易度 ★★★
三角パラシュート

ポリ袋で簡単に作れるパラシュート。
パッと開いたあとにフワフワ落ちてくる様子がとってもコミカル！

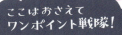
使おう！
お道具戦隊出動！
はさみ　ペン類　テープ類

遊び方
パラシュートをたたんで、糸をゆるめに斜めに巻いたら準備OK。それを上に向けて高く投げて、パラシュートが落ちてくる様子を楽しもう。

ここはおさえて ワンポイント戦隊！
- ポリ袋は、厚さ0.025mm以下の薄手のものを使うと、パラシュートがよく開く。
- ふんわりと落ちてくるためには油粘土の重さの調整が必要。ちょうどいい重さを探し出せるよう、重りの重さを変えてみよう。

作り方
材料／ゴミ用ポリ袋・たこ糸(細いもの)・油粘土(少量)
用具／はさみ・油性ペン・セロハンテープ

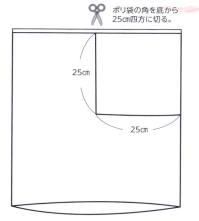

ポリ袋の角を底から25cm四方に切る。
つながっている2辺を上にして半分に折る。
さらに半分に折る。
下に出た三角の部分を切り取る。

パラシュートの巻き方図

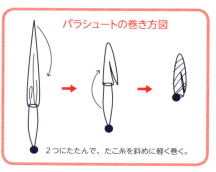

2つにたたんで、たこ糸を斜めに軽く巻く。

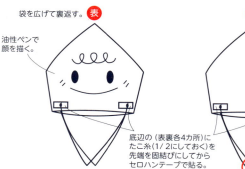

袋を広げて裏返す。表
油性ペンで顔を描く。
底辺の(表裏各4カ所)にたこ糸(1/2にしておく)を先端を固結びにしてからセロハンテープで貼る。

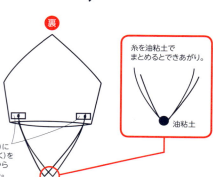

裏
糸を油粘土でまとめるとできあがり。
油粘土

No.49 難易度 ★★★ カラーページ P.14

テープdeバッグ

いろいろな色や柄のマスキングテープで
自由に作った模様がおしゃれなバッグ。

作り方
材料／色画用紙(ハツ切り)・リボン
用具／はさみ・のり・穴あけパンチ・マスキングテープ

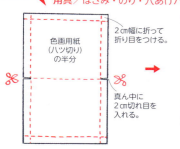
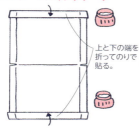
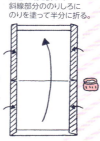
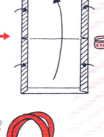

おしゃれでしょ☆

夏 テープdeバッグ／カラフルペンスタンド

No.50 難易度 ★★ カラーページ P.14

カラフルペンスタンド

好きな色や模様のマスキングテープをペタペタ貼って作る、
カラフルなペンスタンド。

作り方
材料／紙パック
用具／はさみ・マスキングテープ

えへへ　できた！

ここはおさえて ワンポイント戦隊！
✤ 材料は、コーヒー飲料のプラスチック容器など、ペンスタンドとして使える容器であれば何でもOK。

61

夏 どろ絵～手で描こう！～／どろ絵～筆で描こう！～

No.51 難易度 ★ カラーページ P.15

どろ絵～手で描こう！～

水彩絵の具とはひと味違った描画材のどろ絵の具。
手でどろの感触を確かめながら絵を描いて遊ぼう。

作り方 材料／園庭土・水・色画用紙
用具／ボウルやバケツ・洗濯のり（PVA表示のあるもの）

園庭土に洗濯のりを混ぜる。

色画用紙にどろ絵の具を置き、自由に手で広げる。

使おう！お道具戦隊出動！ のり類

遊び方
色画用紙にどろ絵の具を置き、自由に手で広げてみて。広がった形や指の軌跡からイメージをふくらませて、模様や絵を描いてみよう。

ここはおさえて ワンポイント戦隊！

❖ できるだけ粒子の細かい粘土質の土を探すことがポイント。2～3色の土があると、色の違いも楽しめる。
❖ 園庭土は、ふるいにかけて細かくしておく。
❖ アースカラーや濃いめの色画用紙を用意すると、どろ絵の具が映える。

見てどろんこ～

かおかけた!!

No.52 難易度 ★ カラーページ P.15

どろ絵～筆で描こう！～

どろ絵の具で描くと、その独特のテクスチャーによってボリューム感のある力強い絵になるよ。

作り方 材料／園庭土・水・色画用紙・水彩絵の具
用具／ボウルやバケツ・太筆・洗濯のり（PVA表示のあるもの）

園庭土に洗濯のりと絵の具、水を入れ、混ぜる。何色か用意しておく。

筆や手で自由に描く。

使おう！お道具戦隊出動！ のり類

画伯誕生の予感がします！ドキドキ…

水彩絵の具とは異なるどろ絵の具のもつテクスチャーを楽しんで。

輪かくをどろ絵の具で描いたら、水彩絵の具で着色する。

62

| No.53 難易度 ★★★★

つるつるだんご

じっくり手間をかけて作ったどろだんごは、
驚くほどつるつるな仕上がりに！

使おう！
お道具戦隊出動！
なし

何だろう？
まぶしい光が…

ツルッ

ツルピカ

かたそうにみえるけど
どろだんごなんだって
ま、まぶしい
ツルツル

コロコロ
コロコロ
こすってこすって

サラサラ
サラサラ

夏 つるつるだんご

今日からボクの宝物

ここはおさえて
ワンポイント戦隊！

✤ できるだけ粒子の粘りのある粘土質の土を用意しよう。

✤ 最後にかける粉は粘土の粉。なければ、粘りのある土に水を加え、よく混ぜて数日置くと、表面にニュルニュルした泡ができる。その泥を乾かして細かくしたものが"つるつるだんご"のもと。

作り方

材料／細かい土・水・
　　　ビニール袋・粘土の粉
用具／洗面器など

ギュ〜

泥をギュッと
しぼって、
水を出して
いく。

だんごを丸く、
固くしていく。

乾いたサラサラの土を
何度も振りかけては
こすり、手の上で
転がして、表面を
整えていく。

乾いた細かい土を手につけて軽くはたき、
はたいても手についてくる粉（細かい土）を
だんごに薄く何度もつけながら、
汚れのない親指の腹などでこする。

ビニール袋に入れて休ませ、
だんごの表面に水分がうっすらにじみ出てきたら
ビニール袋から取り出し、表面が乾くのに合わせて
表面をきれいにした指やジャージ、ビンの側面などでこする。

※あまり光らないときは、表面に粘土の粉をつけて
すり込み、こするとつるぴかだんごになるよ。

夏 紙パック車

No.54 難易度 ★★★

紙パック車

紙パックで作ったエコカーでドライブ遊び。
今日はどこまでお出かけしようかな？

使おう！お道具戦隊出動！
はさみ ・ テープ類 ・ ペン類 ・ ホチキス

車だけだとこんな感じ

ブブブーン！

ここはおさえて ワンポイント戦隊！

❖ 車にのせる人形は、No.55 紙パック風力船（P.65）の紙コップ人形を使ってもOK。

作り方
材料／紙パック・ペットボトルのキャップ4個・竹ぐし・ストロー・紙コップ・色紙
用具／はさみ・セロハンテープ・カルコ（又はキリ）・クラフトテープ・油性ペン・ホチキス

紙パックの口の部分を切り取り、図の線のとおりに切り開く。

図の通りに折って車体の形に組み立て、セロハンテープでとめる。

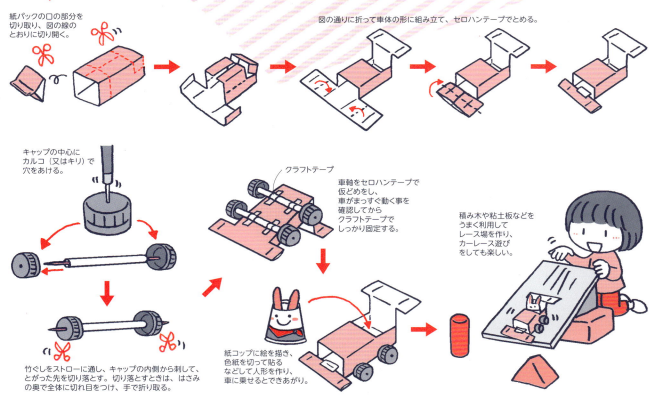

キャップの中心にカルコ（又はキリ）で穴をあける。

竹ぐしをストローに通し、キャップの内側から刺して、とがった先を切り落とす。切り落とすときは、はさみの奥で全体に切れ目をつけ、手で折り取る。

クラフトテープ

車軸をセロハンテープで仮どめをし、車がまっすぐ動く事を確認してからクラフトテープでしっかり固定する。

紙コップに絵を描き、色紙を切って貼るなどして人形を作り、車に乗せるとできあがり。

積み木や粘土板などをうまく利用してレース場を作り、カーレース遊びをしても楽しい。

No.55 難易度 ★★ カラーページ P.16

紙パック風力船

紙コップ人形の船長を乗せたら、いざ出発！ パタパタあおぐと進むエコな風力船。

使おう！ お道具戦隊出動！

はさみ　ホチキス　ペン類　テープ類

作り方
材料／紙パック（500mL又は1000mL）・紙皿・ストロー・紙コップ
用具／はさみ・ホチキス・油性ペン・ビニールテープ・うちわ

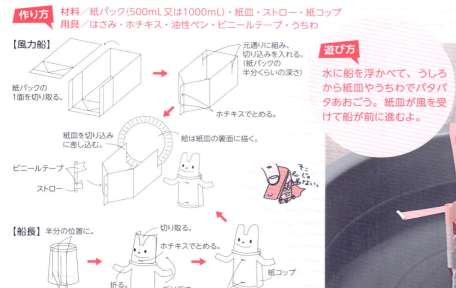

遊び方
水に船を浮かべて、うしろから紙皿やうちわでパタパタあおごう。紙皿が風を受けて船が前に進むよ。

No.56 難易度 ★★★★ カラーページ P.16

回転クルクル船

パワフルなストロースクリューが回ることでクルクル回る円盤船。

使おう！ お道具戦隊出動！
はさみ　テープ類　ペン類

遊び方
ストローで作った動力エンジンを50回ほど巻いてから船を水に浮かべると、円盤船がクルクル回転するよ。

ここはおさえて ワンポイント戦隊！
❖ ボウルに穴を開けるときは、最初にカルコ（又はキリ）で穴を開けてから鉛筆を使うと、うまくできる。

作り方
材料／ストロー（6mm）・輪ゴム・ペーパーボウル・透明の空き容器・オーロラシート
用具／はさみ・針金・セロハンテープ・カルコ（又はキリ）・つまようじ・鉛筆・ビニールテープ・油性ペン

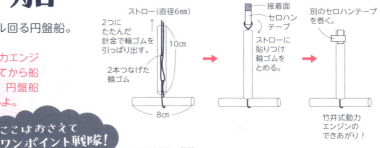

No.57 難易度 ★★★ カラーページ P.16

ペットボトル動力船

ペットボトルで作ったスケルトンの動力船は、水車がクルクル回って水の中を進んでいくよ。

使おう！お道具戦隊出動！

はさみ ホチキス ペン類

ここはおさえて ワンポイント戦隊！

❖ 船長は、No.55紙パック風力船の（P.65）紙コップ人形と同じ。

作り方

材料／ペットボトル（2L・角形）・割りばし・紙パック・輪ゴム・紙コップ
用具／はさみ・ホチキス・油性ペン

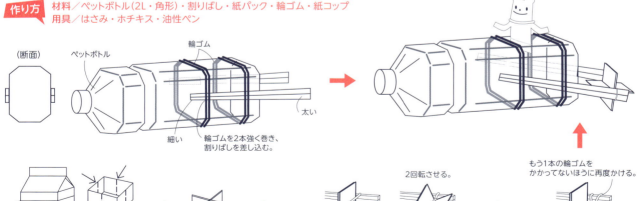

（断面） ペットボトル 輪ゴム 太い 細い
輪ゴムを2本強く巻き、割りばしを差し込む。

5cm 紙パックを切って、点線で内側に折って十字にする。

ホチキスでとめる。

1本目の輪ゴムを水車に通して2回ねじる。 2回転させる。

もう1本の輪ゴムをかかってないほうに再度かける。

No.58 難易度 ★★

花火だドーン！

貼り絵やお絵描きなど、子どもたちの自由な発想で作った花火は迫力満点。ダイナミックな天井飾りは夏にピッタリ。

使おう！お道具戦隊出動！

はさみ　のり類　テープ類　クレヨン

夏 花火だドーン！

作り方

材料／色画用紙・色紙・キラキラ色紙・カラーホイル・丸シール・ジャンボロール(藍色)・段ボール・モール・テグス

用具／ピンキングばさみ・はさみ・のり・キラキラテープ・クレヨン・穴あけパンチ・カルコ(又はキリ)

【つるし飾り】

- テグス
- 穴あけパンチで穴を開ける。
- 丸シール
- 色紙やキラキラテープ・カラーホイルなどを好きな長さや形に切って貼る。
- ピンキングばさみで円に切る。
- テグス
- 色画用紙に花火を見ている自分の姿を描く。

ここはおさえて ワンポイント戦隊！

❖ 土台に使用する色画用紙やジャンボロールは黒や紺などを使い、キラキラテープやシール、色紙などで花火を作ろう。

❖ 個人製作だけでなく、大きな花火は共同製作としてみんなで作るのもおすすめ。

たまや〜！

【つるし方】(保育者が作る)

ジャンボロールを段ボール板に貼りつけて周囲をピンキングばさみでギザギザに切る。

下からカルコ(又はキリ)で2つ穴をあける。

モールを下からU字型に通す。

モールをクロスさせて固定する。

3点で水平を取る。

フックなどを使い、天井などに取りつける。
テグス
モールにテグスをしっかりと巻きつける。

67

No.59　難易度 ★★　カラーページ P.16

マーブリングランプ

マーブリング×ペットボトル×LEDライトの組み合わせで作る、
夏祭りにピッタリなランプシェード。

使おう！
お道具戦隊出動！

 はさみ
 のり類
 テープ類

ライトアップ！

ここはおさえて ワンポイント戦隊！

♣ マーブリングが完成したあとに、和紙を光にかざしてみよう。光にかざすことで、色紙で作りたいシルエットが思い浮かびやすい。

作り方

材料／ペットボトル(1.5L)・モール・水・さいえきマーブリング・マーブリング用和紙・色紙・LEDライト
用具／リサイクルはさみ・穴あけパンチ・バットなどの容器・竹ぐし・のり・クラフトパンチ・ピンキングばさみ・セロハンテープ

リサイクルはさみでペットボトルを切る(保育者)。

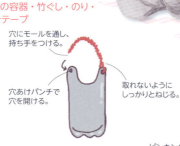
穴にモールを通し、持ち手をつける。
穴あけパンチで穴を開ける。
取れないようにしっかりとねじる。

マーブリング用和紙
さいえきマーブリング
バットなどの容器
さいえきを垂らした水に静かに息を吹きかけたり、竹ぐしでおもしろい模様をつくる。好きな模様になったら和紙をかぶせて着色をする。

濃い色の色紙を好きな形に切って貼る。
ピンキングばさみで端を切ってもおもしろい。
マーブリングした和紙
クラフトパンチを使っても◎。

上から見たところ
LEDライトを入れる。
紙をペットボトルの中に入れ、内に沿わせるようにセロハンテープでとめる。

No.60　難易度 ★　カラーページ P.17

粘土ムシ

葉っぱを羽に見立てたり、枝で角を作ったり、粘土と自然物を組み合わせて自分だけの粘土ムシを作ってみよう。

使おう！お道具戦隊出動！
なし

夏　粘土ムシ

作り方

材料／油粘土・紙粘土・葉っぱ・小枝・小石などの自然物
用具／粘土板

油粘土や紙粘土でイメージしたムシの胴体を作る。

枝がツノになるんだね
かっこいい～
葉っぱは羽だね

ここはおさえて ワンポイント戦隊！

❖ いろいろな形にできる粘土と、自然物を組み合わせることで、おもしろい題材に発展する遊び。

❖ 粘土に自然物のかけらや汚れなどが入らないように、ゴミなどは事前にとっておく。古くなった油粘土を使うとよい。

葉
木の実や小石など
木の枝

葉っぱを羽に見立てたり、枝でツノを作ったりおもしろい粘土ムシを作ろう。

まんまるのムシに何本も枝を組み合わせてアメンボのようなムシに！

69

夏 アースケーキ／土のレストラン

No.61 難易度 ★★★　カラーページ P.17

アースケーキ

葉っぱやお花など、自然のめぐみで作ったアースケーキ。
本当に食べちゃいたくなるほどおいしそう。

作り方
材料／水・せっけん・園庭土・葉っぱ、小枝、小石などの自然物
用具／チーズ削り・ボウル・泡立て器・ケーキ型・絞り袋・皿など

使おう！お道具戦隊出動！
なし

せっけん（1/2）を
チーズ削りで削る。

せっけん1/2に対し、
水50ccを2〜3回に
分けて入れる。

泡立てるときは泡立て器を
高速回転で動かす。
クリームチーズのような
固い泡になればOK。

型に泥を詰めて
ケーキを作る。

泡立てたせっけんクリームを
絞り袋に入れてデコレーションする。

葉っぱや小枝、小石などで
デコレーションする。

できた〜！

ここはおさえて ワンポイント戦隊！
✤ ケーキの名前や味を想像してみよう。タイトルと名前を入れたカードを添えるのもおすすめ。
✤ 身近にあるお花（雑草など）を飾ると、もっとステキに。

No.62 難易度 ★★　カラーページ P.17

土のレストラン

加える水の量によって土がさまざまな料理に早変わり。
レストランごっこで土遊びをとことん楽しもう。

使おう！お道具戦隊出動！
なし

作り方
材料／園庭土・水
用具／食器・コップ・鍋など

おまたせしました!!

【シャリシャリ】×1くらい　オムライス
水を少しまぜる。

【グニュグニュ】×2くらい
水を少し多目にまぜる。
りんご　ゼリー

【トロトロ】水を多目にまぜる。
×4くらい
スープ

【ビチャビチャ】水をたくさんまぜる。
×10くらい
ジュース

大きなアイスクリーム！
たこ焼きできたよ♪

ここはおさえて ワンポイント戦隊！
✤ 土だけでなくいろいろな自然物も使って料理を作ると、遊びが広がる。No.61のアースケーキもレストランのメニューのひとつ。

70

No.63 難易度 ★★ ～ ★★★

手作り楽器で遊ぼう!!

身近な素材でいろいろな種類の楽器を作ったあとは、
みんなで一緒に演奏してみよう。楽器を持ったら演奏会スタート！

使おう！お道具戦隊出動！

はさみ　テープ類　クレヨン　ホチキス

でんでんだいこ（幼児）
でんでんだいこ（乳児）

ミミンバ
タンバリン

ここはおさえてワンポイント戦隊!
✲ ミミンバは、底に張った輪ゴムをやさしくはじいて音を奏でる楽器。コップに耳をあてて音を聴きながら演奏してみよう。

ここはおさえてワンポイント戦隊!
✲ 乳児用のでんでんだいこは、綿ロープを上につけると鳴りやすい。

ここはおさえてワンポイント戦隊!
✲ 中に入れたビーズが落ちないよう、周囲をしっかりとめる。

マラカス

ここはおさえてワンポイント戦隊!
✲ 楽器の材料は小さいものが多いので、子どもたちが誤飲しないよう充分配慮しておこなう。

作り方

材料／
でんでんだいこ　紙皿・割りばし・綿ロープ・大きめのビーズかどんぐり・色紙シール
タンバリン　紙皿・ビーズ・鈴・色紙シール
マラカス　ヨーグルトドリンク容器2個・ひも・ビーズ・丸シール
ミミンバ　紙コップ・ストロー・輪ゴム

用具／
でんでんだいこ　クレヨン・布ガムテープ・マスキングテープ・ホチキス・穴あけパンチ
タンバリン　クレヨン・セロハンテープ・ホチキス
マラカス　カルコ（又はキリ）・マスキングテープ
ミミンバ　はさみ・クレヨン・セロハンテープ

でんでんだいこ

紙皿（裏）　　紙皿に布ガムテープで貼る。　　前　横　　固結びする。　穴の開いた大きめのビーズかどんぐり

自分の顔など好きな絵をクレヨンで描く。　割りばしをマスキングテープで巻く。　ホチキスで紙皿2枚をとめる。　穴あけパンチで開けた穴に綿ロープを通す（保育者）。

色紙シールなどでフチをとめて飾る。

マラカス

カルコ（又はキリ）で穴を2つ開ける（保育者）。　キャップ

ひもを通し、しっかりと結びつける。

マスキングテープなどで補強する。　ビーズなどを入れる。　丸シールなどで装飾する。

ミミンバ

上と底に4つずつ切れ目を入れる。　ストローを紙コップの幅にあわせて切り、輪ゴムを通せるように縦に切る。　とめる。　ストロー　輪ゴム

音を聞いてから好きな絵を描く。　ストローのついた輪ゴムを切れ目に2本かける。

タンバリン

紙皿（裏）　　前　横

自分の好きな絵をクレヨンで描く。　ビーズなどを入れる。　2枚をホチキスとセロハンテープでとめる。　色紙シールなどでフチをとめて飾る。

夏　手作り楽器で遊ぼう!!

夏 ストロー人形

No.64 難易度★★★

ストロー人形

パタパタと手を動かすしぐさが、なんともかわいらしいタヌキさんのストロー人形。いろんなキャラクターを作って遊ぼう。動くしかけを、いろいろなものに見立てておもちゃができるよ。

使おう！
お道具戦隊出動！
はさみ　ペン類　テープ類

遊び方

ストローをつまんで上下させると、タヌキさんの手がパタパタと動く。動く仕組みが独立しているので、左右を自由に動かすことができるのが特徴。胴体を持ってストローを上下に動かすと手が動く。

ここはおさえて ワンポイント戦隊！

❖ ストローに切り込みを入れて、動くしかけを作る。

作り方

材料／ストロー（6mm1本・4mm又は4.5mm2本）・色画用紙
用具／はさみ・油性ペン・セロハンテープ

6mmのストローは半分に切り、それぞれ切れ目を入れる。
直径6mm

4mmのストローは色を塗って1/3の所で折る。
直径4mm

切れ目から4mmのストローの先を出して、その上をセロハンテープでしっかりととめる。
セロハンテープ

2本をつないでとめる。

色画用紙でタヌキを作る。

胴体をしかけの中央に貼り、4mmのストローに手を貼る。
裏
セロハンテープで貼る。

秋のまいにち ぞうけい 30

カラーページは P.18～をご覧ください。

芸術の秋は、友だちと協力して大きな作品作りを！達成感もUPする30作品がズラリ！

トビラコラム3

材料を知ろう！ 袋の仲間

封筒

ごみ用ポリ袋 カラービニパック

レジ袋

ポリ袋

紙袋

かさ袋

材料を知ろう！ ひもの仲間

水糸
※建築工事などの際に水平線を示すために用いる蛍光色の糸。たこ糸代わりに使用すると便利です。

テグス
モール

綿ロープ

リボン

たこ糸

No.65&66 難易度★

笑顔フラッグ＆運動会メダル

子どもたちの手作りフラッグとメダルを保育室に飾って、運動会への気持ちを高めよう。運動会でがんばった記念としても◎。

使おう！お道具戦隊出動！
はさみ／テープ類／クレヨン／ペン類

ここはおさえて ワンポイント戦隊！
- 紙皿は水をはじくものもあるので、絵を描くときはクレヨンや油性ペンを使おう。
- リボンは、結びつけず、紙皿に布ガムテープで貼りつける（安全への配慮）。

ここはおさえて ワンポイント戦隊！
- フラッグの色画用紙は、絵柄が映えるように明るく薄い色味のものがよい。

作り方
材料／フラッグ 色画用紙・綿ロープ　**メダル** 紙皿（直径15cm）・幅広のリボン（約70cm）・丸シール
用具／ はさみ・両面テープ・布ガムテープ・クレヨン・油性ペン・キラキラテープ

フラッグ

 色画用紙を斜め半分に切る。
→  山折り。
→  ここは切り取る。
→  のりしろの裏に両面テープを貼って綿ロープを通す。自分の顔や好きな絵を描く。

メダル

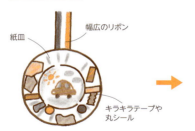 紙皿／幅広のリボン／キラキラテープや丸シール
→  （裏）リボンの両端を斜めにずらして布ガムテープで紙皿に貼る。
→ **飾り方** リボンのわの部分を折り、綿ロープに通して両面テープで固定する。

 クレヨンレッドにメダルをかけてあげましょう！ ヤッター！！

No.67　難易度 ★★

六角返し

正三角形に折った紙でたたんで開いてをくり返してみよう。
3つの絵が順番に現れる不思議なおもちゃができるよ。

秋　六角返し

ここはおさえて ワンポイント戦隊！

- 10個の正三角形を正確に折ることが大切。
- 油性ペンは紙の裏に裏移りしてしまうので、水性ペンや色鉛筆などで絵を描こう。
- たたんで開くという動作をくり返して、紙のクセづけを。
- 3つの面に、グー・チョキ・パーをそれぞれ描いて、ジャンケン遊びをするのも楽しい。
- どんな絵を描くと楽しいか考えてみよう。
- 大きな紙を使えば、巨大六角返しになる。

作り方　材料／B4サイズコピー用紙
　　　　　用具／はさみ・のり・水性ペン・色鉛筆

B4サイズコピー用紙を5cm幅の帯に切る。

帯の真ん中に折り目を入れ、☆の三角形の角を中心の星にあわせるようにして折る。

○の三角形の角を、帯の底辺○に重ねるようにして折る。この要領で順にびょうぶ折りして、10個の三角形を作る。

切り取る　10個の三角形を作るようにびょうぶ折りにする。

1と10をのりで貼り合わせた後、開いて六角形を作る。

六角形の面に絵を描いて図のように畳んで広げると、新しい面が出てくるのでそこに同じ向きの絵を描く。合計3回くり返して3面に絵を描く。

75

No.68&69　難易度★

食紅ランチョンマット＆コースター

食紅で線を重ねて描くことで、色のにじみが楽しめる遊び。
画用紙が乾燥したら、はさみで切ってランチョンマット＆コースターを完成させよう。

使おう！
お道具戦隊出動！

はさみ

作り方
材料／食紅（絵の具でも可）・水・画用紙・ラミネートシート
用具／筆・溶き水用のプラカップ・ラミネーター・
　　　はさみ・ピンキングばさみ

水で溶いた食紅で
自由に線を描く。

**ここはおさえて
ワンポイント戦隊！**

✼ 線の上に別の色の線を交差させると
きれいに混色されるよ。
✼ コースターを長くつなげてぶらさげ
れば、のれんやつるし飾りにも。
✼ ランチョンマット＆コースターのフチ
は、ピンキングばさみで切ったりハー
トや丸にカットしてもかわいい。

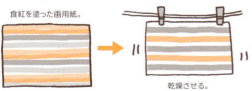

食紅を塗った画用紙。　　　乾燥させる。　　　画用紙を乾燥させたら
　　　　　　　　　　　　　　　　　　　　　はさみかピンキング
　　　　　　　　　　　　　　　　　　　　　ばさみでフチを切る。

ラミネート加工でコーティング
すればすてきな
ランチョンマットのできあがり。

好きな形に
コースターを
切る。

ラミネート加工をする。

コースターの形に添って切る。

ラミネート加工して
いるからコップを
置いても大丈夫。

76

No.70 難易度 ★★ カラーページ P.18

虹色おしゃれバッグ

ごっこ遊びにも使えて便利なおしゃれバッグ。
絵の具の混色を楽しみながら、自由に水玉を描いてみよう。

使おう！
お道具戦隊出動！

なし

秋　虹色おしゃれバッグ

ここはおさえて ワンポイント戦隊！

❖ 製作時間があまりないときは、色を1つ作ったら2個又は3個ずつ塗るなどルールを決めると、作業がスムースに。

❖ 色にムラがでるときは、白色を混ぜると安定する。

❖ きれいなドットが描ける透明水彩や食紅で混色するのもおすすめ。

❖ はさみでバッグを成形したり、色紙で飾るとさらにステキに。

同じ作り方でもみんな違う模様だね

拡大！
自信作！

作り方
材料／紙皿（直径20cmくらいの大きなもの1人2枚）・水彩絵の具（赤・青・黄・白）・紙バッグ
用具／綿棒（1人10本〜20本）・筆・溶き水用のプラカップ

紙皿の四方に4色の絵の具をのせる。

きいろ　あお
あか　しろ

紙皿の内側で綿棒を使って2色又は2色+白を混ぜて好きな色を作る。

好きな色ができたら、紙バッグに500円玉くらいの大きさに水玉を描く。

みんなでお店やさんごっこをしても楽しい。

No.71 難易度★★
かさ袋モコモコ人形

息を吹き込むと現れるモコモコ人形。中の空気を吸ったり吹くことで、人形が立ちあがったりへこんだり、ユーモラスな動きが楽しめるよ。

使おう！お道具戦隊出動！
はさみ・ペン類・テープ類

作り方
材料／かさ袋・曲がるストロー（大）・紙コップ
用具／はさみ・油性ペン・セロハンテープ・カルコ（又はキリ）・鉛筆

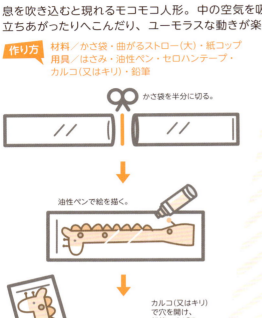

かさ袋を半分に切る。

油性ペンで絵を描く。

カルコ（又はキリ）で穴を開け、鉛筆で広げる。

ストローの曲がるほうの先は息がもれないようにしっかりかさ袋の中に入れてセロハンテープでとめる。

セロハンテープ

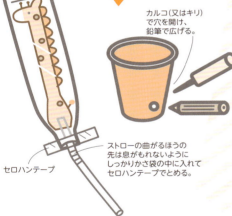

シャキーン！

モコモコモコ

かさ袋を紙コップに入れ、ストローを内側の穴から出す。

模様を描く。

ここはおさえてワンポイント戦隊！

✤ 息を吹き込んだとき、絵が自分の方向を向いて楽しめるようにかさ袋の位置を調節する。
✤ 子どものひと息だけで人形を膨らませるよう、かさ袋の長さを調節する。
✤ 長さを調節してもうまく膨らまない場合は、息のもれ、袋に穴があいていないかをチェック！
✤ ストローの先にNo.11ストロー笛（P.38）のしかけを作ると、音を出しながら袋がモコモコ膨らむ。

遊び方
ストローを口にくわえて息を思い切り吹き込むと、"モコモコモコ〜"とかさ袋のモコモコ人形が出てくるよ。

No.72 難易度 ★★★

かさ袋ロケット

かさ袋で作った手作りロケットが"ヒューンッ"とひとつ飛び。
誰が1番遠くまで飛ばすことができるかな？

使おう！
お道具戦隊出動！

テープ類　はさみ　ペン類

秋　かさ袋ロケット

遊び方

洗濯ばさみの柄に輪ゴムを引っかけて、もう片方の手でかさ袋を後ろへ引っ張ろう。その状態からかさ袋を持つ手を離すとロケットが飛んでいくよ。

ここはおさえて ワンポイント戦隊！

✤ かさ袋は空気がもれやすいので予備のかさ袋を必ず用意しておこう。

✤ 大小のペットボトルを並べてロケット的当てゲームをしたり、フープなどの輪を使って輪くぐりをしたり、遊びのバリエーションをいろいろ考えよう。

作り方

材料／かさ袋・輪ゴム・色画用紙
用具／ビニールテープ・はさみ・油性ペン・セロハンテープ・キラキラテープ（防鳥テープ）

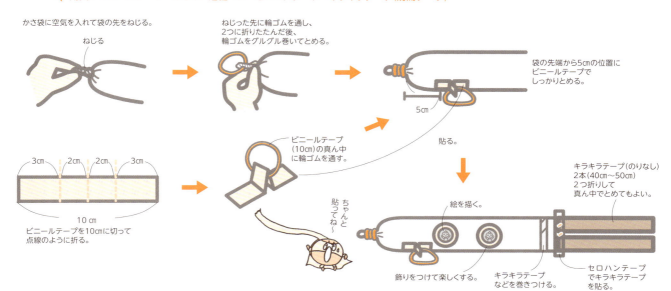

79

No.73 難易度 ★☆☆〜★★★　カラーページ P.18

ハロウィンモビール

0歳児から5歳児まで、みんなが作った作品を、モビールにして飾ろう。

作り方
材料／色画用紙・たこ糸・ビニール袋・はなおりがみ・モール・ストロー
用具／はさみ・のり・クレヨン・絵の具・ビニールテープ・パステル・金網・歯ブラシ・ハンガー

使おう！ お道具戦隊出動！
はさみ　のり類　クレヨン　テープ類

【0歳児】たこ糸でつなぐ。色画用紙に手形や足形を押して、チョウチョのように貼り合わせる。

【1歳児】色画用紙に黒のクレヨンでスクリブルする。

【飾り方】モールでつなぐ。はなおりがみ。ハンガー。ねじったモール。
※左右のバランスをとりながら飾る。

【2歳児】オレンジ色のはなおりがみを丸めて入れる。→ ビニール袋。モールでしばる。黒ビニールテープで作った顔を貼る(保育者)。

【3歳児】黒画用紙を切って、口と目にする。目・口。白パステルでクモの巣を描く。

【4歳児クモの巣】絵の具をたらす。ストローで息を吹きつける。丸く切り取る。

【4歳児オバケ】クレヨン又はパステルでオバケを描く。黒の絵の具で塗りつぶし、はじき絵をする。

【4歳児カボチャ】黒画用紙とオレンジ色の色画用紙を重ねる。折る。→切り取る。→折る。→切り取る。→黒と重ねて貼る。

【5歳児】金網に絵の具を塗る。歯ブラシでこすって何度もスパッタリングする。10cm。切り抜く。重ねる。取る。丸く切り取る。

No.74 難易度 ★★★★　カラーページ P.18

切り紙ハロウィン

はさみの連動で作るハロウィンの主役ジャック・オー・ランタン。

使おう！ お道具戦隊出動！
はさみ　のり類　クレヨン

ここはおさえて ワンポイント戦隊！
❖ 切り抜いた口や目は、裏から好きな色の色紙を貼るとさらに楽しみが広がるよ。

作り方
材料／色画用紙
用具／はさみ・のり・クレヨン

【帽子】色画用紙を帽子の形に切って、好きな模様を描く。

【カボチャ】色画用紙を2つに折る。→線に沿って切る。→点線を山折りする。→目を切り抜く。→広げて完成！

HA HA HA…

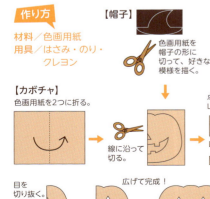

No.75 難易度★★ カラーページ P.19

落ち葉のベッド

にじみ絵が体験できる落ち葉のふとん。
紙粘土で作った人形に落ち葉のふとんをかぶせておやすみなさい。

使おう！
お道具戦隊出動！

はさみ　ホチキス

秋 落ち葉のベッド

ここはおさえて
ワンポイント戦隊！

❖ 落ち葉がある季節には、お散歩などできれいな落ち葉を拾ってきてふとんにしても◎。

落ち葉ふとんあたたかいな

ZZZ…

作り方
材料／和紙・水・絵の具・軽量紙粘土・段ボール箱・エアパッキン・包装紙
用具／はさみ・霧吹き・筆・穴あけパンチ・ホチキス

【落ち葉のベッド】

和紙
和紙を葉っぱの形に切って霧吹きなどで濡らす。
絵の具を和紙ににじませる。
乾いたらパンチで穴を開けたり、手でちぎったりする。

葉の形に切った紙　包装紙　エアパッキン

エアパッキン、包装紙の順に入れてベッドを作り、人形を寝かせる。

【人形】

軽量紙粘土

はさみで切り込みを入れて手足を作る。

人の形に整えて色を塗る。

人形が乾いたら、葉で人形をはさみホチキスなどでとめる。

No.76 難易度 ★　カラーページ P.19

ネイチャーフェイス

いろいろな自然物を顔のパーツに見立てて、
自由な発想で顔を変化させながら楽しむ造形遊び。

使おう！
お道具戦隊出動！

なし

どれを使おうかな？
むむ…迷うな

私も作ってほし〜い！

コレ、ボクの似顔絵でしょう？うりふたつだもん

コッチはボクじゃないですか？

少し似てるかも〜

作り方　材料／段ボール板やフェルト・小枝やドングリ、小石などの自然物
　　　　　用具／なし

好きな形の段ボール板と自然物を選ぶ。

段ボール板の上に自然物を並べながら顔を作る。

完成したら名前をつけたりカメラで記録したりしよう。

ここはおさえて ワンポイント戦隊！

❖ 段ボールやフェルトなどで顔になるいろいろな形を事前に切っておき、気に入った形を使って遊ぼう。

❖ 友だちの作品と合体したり、移り変わる顔の変化をデジタルカメラで記録をとるのもおもしろい。

❖ デジタルカメラのコマ送りを使うとミニアニメーションにもなる。

No.77 難易度 ★★★　カラーページ P.19

小枝のフレーム

ひもをつけて小枝のフレームを飾れば、気分はアーティスト。

使おう！お道具戦隊出動！
ペン類　のり類

作り方
材料／小枝・モール・段ボール板・ひも・写真など
用具／鉛筆・水性ペン・のり

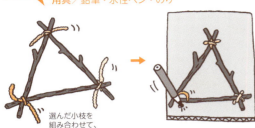

選んだ小枝を組み合わせて、モールでとめる。

段ボール板に鉛筆で穴を開けてモールを通し、小枝のフレームを固定する。

好きな絵を描いたり写真を貼る。

ひもをつけてできあがり。

秋　小枝のフレーム／すてきな服ができた！

ここはおさえてワンポイント戦隊！
❖ 段ボール板は小枝のフレームよりも大きいサイズのものを使い、いろいろな形に切って用意しておこう。

No.78 難易度 ★★

すてきな服ができた！

いろいろな線を描いた色画用紙がすてきな服に早変わり！
服の形に切ったときの意外性が楽しい活動。

使おう！お道具戦隊出動！
クレヨン　はさみ　のり類

作り方
材料／色画用紙（八ツ切り）・型紙・画用紙（四ツ切り）
用具／クレヨン又はパステル・はさみ・のり

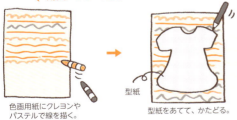

色画用紙にクレヨンやパステルで線を描く。
型紙をあてて、かたどる。

ハサミで切る。
画用紙に貼って顔や手足を描いて完成。

着せかえ人形みたい！！

夢中になって描いているね♪

83

秋 スタンピング王冠&ドレス

No.79　難易度 ★★★　カラーページ P.20〜21

スタンピング王冠&ドレス

おもしろい形のスタンプを作って、いろんな色でスタンプをペタンペタン。
カラフル&個性的なデザインの王冠ができあがり！

使おう！ お道具戦隊出動！
はさみ　ホチキス　テープ類

ここはおさえて ワンポイント戦隊！

✤ すきまテープを使うときは、のりの部分を指に貼ってスタンプ。
✤ 共同作品として、模造紙を使ってドレス作りも楽しめる（P.21参照）。

後ろから見たところ

おぉっ！キュートなおひめさまの誕生だ！

作り方
材料／画用紙（四ツ切り）・ウレタン棒（穴あき）又はすきまテープ・紙皿・絵の具・中性洗剤・水・輪ゴム
用具／はさみ・カッター・ホチキス・ビニールテープ

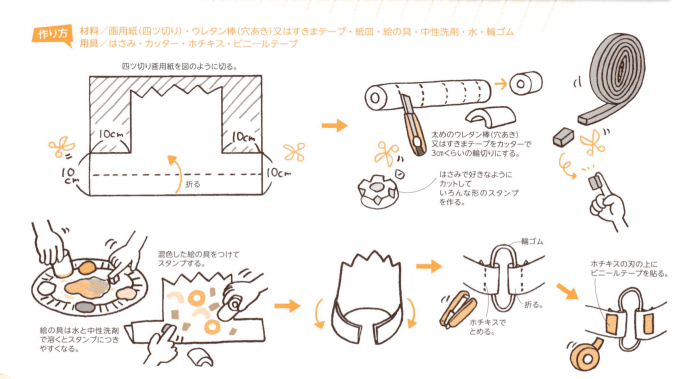

No.80 難易度 ★★

トンネルンルン

色画用紙を切ったり貼ったりする活動をたっぷり楽しめる製作。
迷路を作ったあとは、どこにトンネルを作ろうかな？

使おう！
お道具戦隊出動！
はさみ　のり類

秋　トンネルンルン

「クネクネちゃん再登場」
探検できると聞いたので…
また来てしまった
GO！

ここはおさえて　ワンポイント戦隊！

❖ No.8、9クネクネちゃん（P.37）を使って、トンネル探検ごっこができるよ。
❖「ほそいトンネルだね」「こっちはながい」など、友だちの作品を探検して遊ぶのも楽しい。
❖ 個人でも共同でも楽しめる作品。

うまく立つかなぁ！？

作り方
材料／色画用紙（八ツ切り※台紙・道・トンネル用を2〜3色用意する）
用具／はさみ・のり

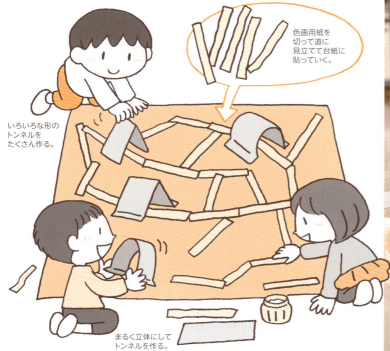

いろいろな形のトンネルをたくさん作る。

色画用紙を切って道に見立てて台紙に貼っていく。

まるく立体にしてトンネルを作る。

85

秋 紙パックフリスビー

No.81&82　難易度★★★★

紙パックフリスビー

紙パックで作るフリスビーは、スペシャルバージョンとソフトバージョンの2種類。歳児に応じてチャレンジして！

使おう！お道具戦隊出動！

 はさみ　 ホチキス　 テープ類

作り方
材料／スペシャル紙パックフリスビー　紙パック（1000mL）・色紙など
　　　　ソフト紙パックフリスビー　紙パック（1000mL）・丸シールなど
用具／はさみ・ホチキス・ビニールテープ・キラキラテープ

スペシャル紙パックフリスビー

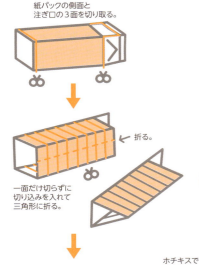

- 紙パックの側面と注ぎ口の3面を切り取る。
- 折る。
- 一面だけ切らずに切り込みを入れて三角形に折る。
- 矢印のほうへ開いてクルっと輪にする。
- ホチキスでとめる。
- 丸シール
- 羽の先をビニールテープで巻いてとめる。

遊び方
フリスビーの羽根の1枚を持つ。手首のスナップをきかせながら、体の内側から外側に向かって回転させながら水平に飛ばすとうまく飛ぶよ。

ここはおさえて ワンポイント戦隊！

✤ 紙パックと同じ長さの紙の帯を3回たたんで開くと8等分の定規に早変わり。紙パックに切り込みを入れるときに使うと便利。
✤ ビニールテープを先端に巻くと、適度な重みができてよく飛ぶように。
✤ 保管するときは、まとめてひもに通して結んでおいたり、ポールなどに差し込むと◎。
✤ スペシャルフリスビーは、年長児用。飛距離を競う遊びができる。

ソフト紙パックフリスビー

- キラキラテープで飾る。
- 羽根が立体的になるように整えよう。
- 先端にビニールテープを巻く。

ここはおさえて ワンポイント戦隊！

✤ 簡単バージョンのソフトフリスビーは、少しくらいならあたっても痛くないので安心して遊べる。低年齢児の製作にもおすすめ。

86

No.83 難易度 ★★★
紙コップカエル人形

紙コップで作ったカエルの立体作品に、
色紙・ペン・絵の具の3種の画材で色をつけてみよう。

使おう！お道具戦隊出動！

 はさみ　 ホチキス　のり類　ペン類

秋　紙コップカエル人形

作り方

子どもの製作　材料／紙コップ2個・色紙
　　　　　　　用具／はさみ・ホチキス・のり・水性ペン・絵の具

保育者の準備（飾り台）　材料／紙パック(12本)・色画用紙
　　　　　　　　　　　　用具／はさみ・のり

秋 段ボール迷路／段ボールザウルス

No.84 難易度 ★★★ カラーページ P.22

段ボール迷路

カラフルに塗られた段ボール迷路に、子どもたちも大興奮！

使おう！ お道具戦隊出動！

作り方　材料／段ボール・絵の具
　　　　用具／布ガムテープ・ローラー・はさみ

迷路の設計図を描いてもよい。

段ボール箱を開いて、ローラーで色を塗る。乾いたら床にする。継ぎ目に布ガムテープを貼る。

ジグザグに折って貼ると強度が出る。

壁にする段ボール箱を開いて1枚の板状にする。ふたの部分は布ガムテープでとめ、図のように置いて立てて壁を作る。

保育者があちこちに穴を開けると楽しみも倍増！

※年中児の迷路は保育者が作る。迷路の高さは胸くらいの高さにする。
※迷路作りのコツは、道の先が見えないようにすること。

No.85 難易度 ★★★ カラーページ P.22

段ボールザウルス

切ったり、貼ったり、段ボール工作の楽しさを存分に味わえる作品。

作り方　材料／段ボール（いろいろな大きさのもの）・絵の具・色画用紙など装飾に必要なもの
　　　　用具／段ボールカッター・布ガムテープ・両面テープ・はさみ

使おう！ お道具戦隊出動！

みんなのイメージを出し合いながら、段ボールにふれて形を作っていく。

足や胴体を組み立てて色を塗り、色画用紙でパーツを作る。接着は布ガムテープと両面テープで。

図鑑を参考にする。

ここはおさえて ワンポイント戦隊！

✤ 段ボールはすぐに接着するのではなく、積みあげたり、組み立てたり、また作り直したりといった遊びをしながら、具体物を通じて恐竜のイメージ作りをすることが大切。

✤ 恐竜の胴体は、絵の具で塗るだけでなく、手でもんだ包装紙や裂いた新聞紙を貼りつけても、様々な変化が楽しめる。

✤ 段ボールカッターは、保育者が使用する。

88

No.86 難易度 ★

段ボール マトリョーシカ

箱の構造のおもしろさを感じられる活動。
ロシアの民芸品のマトリョーシカを実際に見てから遊ぶとより楽しめる。

使おう！
お道具戦隊出動！

テープ類　はさみ

秋　段ボールマトリョーシカ

ジャジャーン！
観察中

作り方
材料／段ボール（大きさの違うものを何個か用意する）・絵の具など
用具／布ガムテープ・はさみ・筆

はじめに民芸品のマトリョーシカを見る。

実際に段ボール箱を並べて、マトリョーシカのようになるか試してみる。

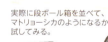
全部出すと…

好きな段ボール箱に好きな絵を描く。

遊び方
保育者が段ボールの上面を切り取り、大きさ順で並べたり、競争したり、箱に入れる順序を変えたりしながら遊ぼう。

並べたり、大きな箱から順に入れたり、マトリョーシカのように遊ぶ。

ここはおさえて　ワンポイント戦隊！

❖ 最初はサイズの違う2〜3個の段ボールで始めて、少しずつ数を増やしてみよう。

No.87 難易度 ★★★★

みんなのおうち

紙粘土や廃材を使って、人形やおうちを手作り。みんなの作品を大きな段ボールのおうちに飾れば、個人製作が共同製作にもなるよ。

使おう！
お道具戦隊出動！

テープ類　のり類　はさみ　クレヨン

ここはおさえて ワンポイント戦隊！

✤ 人形が使う家具は、段ボールや菓子箱、紙粘土で作ってみよう。割りばしは、大きな段ボールのおうちで使う階段にもなる。

作り方

材料／段ボール箱・色画用紙・色紙・布・紙皿・紙粘土・絵の具・菓子やティッシュペーパーなどの空き箱やプラスチック容器・割りばし
用具／段ボールカッター・マスキングテープ・のり・はさみ・クレヨン

【家】
段ボール箱を縦半分に切る（保育者）。
切り口をマスキングテープなどで覆う。
屋根は、ふたを後ろに倒してのりで貼りつけて作る。
壁は色画用紙や色紙、布などで飾る。

【屋根】
紙皿を半分に切る。
クレヨンで塗る。
段ボールに貼って、屋根瓦に見立てる。

【人形】
紙粘土で人形を作り、絵の具で着色する。

【家具】
廃材を使って家具を作る。

No.88 難易度 ★★★

ベル人形

"カランコロン"ときれいな音を鳴らすベル人形。
人形の本体を持って左右に振ると、ベルが響いて鳴るよ。

使おう！
お道具戦隊出動！
テープ類

秋 ベル人形

私、きれいな音を鳴らすのよ
ウフフ♡
カランコロン♪

ここはおさえて ワンポイント戦隊！

❖ 土粘土は水分を加えることで、粘り（粘性）が出て、さまざまな形を作ることができる（可塑性）ようになる。
❖ 粘土の接着剤として使われる「どべ」は、乾燥させた粘土を細かく砕いて水で溶いたどろどろの粘土のこと。粘土同士をくっつけたいときは、どべを使うと便利。
❖ 粘土のヘラはアイスキャンデーなどの棒でもOK。粘土をかき出すときは0.7mmのピアノ線を輪にしてねじったものでも◎。また、切り糸を使う場合は、水糸（細）やたこ糸（1mm以下）でも代用可。
❖ 土粘土遊びが終わったあとは、粘土を水でぬらしたぞうきんでくるみ、ビニール袋に入れて保管を。しっかり封をしておけば、何回でも遊べるよ。

すごいきれいな音だ！
いい気分になるね〜♡

ナカはこんな感じ

作り方

材料／焼成用土粘土・もめん糸
用具／粘土板・丸ばし・竹ベラ・針金・ビニールテープ・ストロー・新聞紙

焼成用土粘土を丸くする。 → ニンジンの形を作る。 → 手などをつまみ（ひねり）出したり、つけたりした後、丸ばしや竹ベラなどで顔や模様を入れる。

輪にしてよじった針金を使って、人形の中の粘土をかき出す。
巻きつける
かき出した粘土で飾りとベルを作る。
針金の先をビニールテープでとめて、かき出し棒に。
穴を開けてひもを通す。
→ 背中にストローでひもを通す穴を2つ開ける。
→ 丸めた新聞紙を入れ、約1週間乾燥させる。水分が抜けて白っぽくなったら素焼きをする（素焼きは教材屋さんに頼むとよい）。
→ 素焼き後、ひもを通したベルを人形の胴体の穴に結びつける。

No.89　難易度★★

クルクルちゃん

風が吹くとクルクル回る姿がキュートなクルクルちゃん。
息を吹きかけるだけでもクルクルちゃんがダンスするよ。

使おう！
お道具戦隊出動！
はさみ　ペン類

作り方
材料／紙コップ2個・水糸（細）又はたこ糸（1mm以下）
用具／はさみ・油性ペン・カルコ（又はキリ）

ここはおさえて
ワンポイント戦隊！

❖ 窓や軒先にぶらさげておくと、風を受けて
クルクルちゃんが回り続けるよ。
❖ クルクルちゃんを七夕飾りにしたり、ひもを
持って走っても楽しい。割りばしの先につ
ければクルクルちょうちんに！

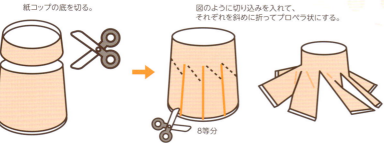

紙コップの底を切る。

図のように切り込みを入れて、
それぞれを斜めに折ってプロペラ状にする。

8等分

油性のペンで目を描いて、
もうひとつの
紙コップに重ねる。

紙コップの底の
中心に穴を開ける。

たこ糸を通して端に
結び目を作るとできあがり。

92

No.90&91 難易度 ★★ ～★★★

紙コップパペット2号・3号

紙コップとストローで作る2タイプのパペット人形。
3号はより複雑な動きが可能になるので、5歳児の製作におすすめ。

使おう！お道具戦隊出動！

作り方　材料／紙コップ・曲がるストロー2本・色画用紙・丸ばし・発泡球・色紙
用具／カルコ（又はキリ）・鉛筆・セロハンテープ・油性ペン・のり

紙コップの両側に①カルコ（又はキリ）で穴を開け、②鉛筆などで穴を大きくする。

ストロー2本をセロハンテープでとめ、紙コップの内側からストローを出す。

2本のストローは、中でセロハンテープでとめる。

下もセロハンテープでとめる。

色画用紙で手袋を作りセロハンテープで貼る。

紙コップに顔と服を描く。

---------- 紙コップパペット2号

遊び方
片手で紙コップを持ち、もう一方の手でストローをあげさげすると、パペットが手を動かしたりバンザイするよ。

ここはおさえて ワンポイント戦隊！
✤ 穴を大きくするために使う用具は、鉛筆を回しながら差し込むとやりやすい。
✤ パペットが楽器を演奏しているような動きも楽しめるよ。

紙コップパペット3号

紙コップの底に穴を開け、中から丸ばしを通す。丸ばしはストローの間に挟んでとめる。

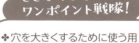

丸ばしの先に発泡球を差して顔を作る。

油性ペンで目や口を描いたり、色紙を切って模様を作って貼る。

No.92 難易度 ★★★

ぽんぽんボール

帽子をかぶったかわいいウサギのぽんぽんボール。
輪ゴムがついているからヨーヨーみたいに遊べるよ。

遊び方
ヨーヨーをするように、輪ゴムを中指にはめてボールをぽんぽんしよう。下ぽんぽん→ななめ下ぽんぽん→横ぽんぽん……と難易度を変えたり回数を競って遊ぼう。耳を中に入れると、本格的なぽんぽんボールになる！

作り方
材料／輪ゴム・軍手・トイレットペーパー（3m程度）
用具／針と糸（又は布用接着剤）・油性ペン

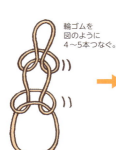
輪ゴムを図のように4〜5本つなぐ。

輪ゴムの一方の先を、軍手の中指に入れて薬指と中指を固結びする（残りの指はウサギの耳になる）。

親指を内側に折り、縦に2つ折りしたトイレットペーパー（3m程度）でグルグル巻いて丸くて固いボールを作る。

トイレットペーパーを奥まで押し込みとじこめるように輪ゴムでとめ、手首部分をひっくりかえす（軍手は裏になる）。

軍手の手首部分を前後2〜3か所を糸で縫ったり、布用接着剤でとめる。

油性ペンで顔を描いてできあがり。フェルトを貼ってもよい。

指が抜けないように小さい輪を結んで作る。

No.93 難易度 ★★★　カラーページ P.23

ガオーたべちゃうぞ

紙皿を口に見立てて、"ガオー"っと大きな口を開けている動物やおばけを作ってみよう。
口の切り方を変えれば幅広い年齢での活動が可能。

使おう！お道具戦隊出動！

はさみ　ホチキス　クレヨン　ペン類

秋　ガオーたべちゃうぞ

遊び方
折ったほうの紙皿が
バネの役割をして、
口がパクパク開くよ。

作り方
材料／紙皿2枚・色画用紙
用具／はさみ・ホチキス・クレヨン・ペン

じゃばら折りする。
- 山折り
- 谷折り
- 山折り

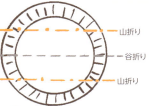

ホチキスでとめる。
もう一枚の紙皿を切る
（直線、ギザギザ、曲線切りなど）。
色を塗る。
ホチキスでとめる。

ここはおさえて　ワンポイント戦隊！

✤ 活動をはじめる前に、「先生はブタさんを作ったよ。このブタさんは、口がね……ぱくっ」「あっ、なにかはいっている」「バナナ、みえた！」など、語りながら作品を見せて、子どもたちのイメージを膨らませよう。

✤ はさみは、刀の奥を使って切ろう。

顔を描いたらできあがり。
折ったほうの紙皿が
バネの役割をして、
口がパクパク開きます。

ガオー

95

No.94 難易度★★★ カラーページ P.23

穴からファンタジー

戸や塀の隙間、障子の穴など子どもたちは「のぞく」ことが大好き。
箱をのぞいたらキラキラ輝くファンタジックギャラリーに、子どもたちも大満足！

使おう！
お道具戦隊出動！

テープ類

どんな感じになるんだろう？
順番に見てね〜

遊び方
装置のホルダーに描いた絵を入れてブラックライトをつけたらスタンバイOK。穴からのぞいて絵を見てみよう。

作り方
材料／段ボール箱・黒画用紙・ブラックライト（小）・絵の具
用具／カッターナイフ・筆・パレット・水入れ・スポンジ・スプーン又は割りばし・輪ゴム・セロハンテープ

ここはおさえて ワンポイント戦隊！

❖ ブラックライトや作品を入れるスリットは、なるべく外からの光が入らないように隙間を小さくする。
❖ ブラックライトのスイッチのオン・オフは必ず保育者がすること。
❖ 段ボールの内側に黒のフェルトを両面テープなどで貼るとさらにきれいな空間に。

タンポ
スポンジ
輪ゴムでとめる。
スプーン又は割りばし

段ボールの側面の大きさに合わせた黒画用紙にタンポで好きな絵を描く。

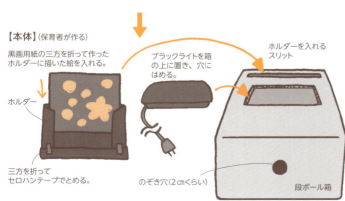

【本体】（保育者が作る）
黒画用紙の三方を折って作ったホルダーに描いた絵を入れる。
ホルダー
三方を折ってセロハンテープでとめる。

ブラックライトを箱の上に置き、穴にはめる。

ホルダーを入れるスリット
のぞき穴（2cmくらい）
段ボール箱

ブラックライトをつけ、穴からのぞく。
ひかってるー!!

冬のまいにちのぞうけい 21

カラーページは P.24〜をご覧ください。

行事がいっぱいの冬は、行事を楽しみに思う気持ちを育てる21作品を作ろう！

トビラコラム 4

材料を知ろう！ 廃材の仲間

紙筒 / プリンカップ / ヨーグルトドリンクなどのミニペットボトル / キャップ / ペットボトル / 紙パック / お菓子などの箱

材料を知ろう！ いろいろな仲間

タオル / 綿 / ビーズ / 油粘土 / 不織布 / 軽量紙粘土 / 段ボール

いろんな材料の仲間を知れて勉強になりました

おどうぐばこ

97

冬 スポンジ石けんケーキ

No.95　難易度 ★★★　カラーページ P.24

スポンジ石けんケーキ

ショートケーキやロールケーキなど、スポンジを好きな形に切って
ケーキが作れるよ。お店やさんごっこにもおすすめ。

使おう！お道具戦隊出動！
はさみ　テープ類

かわいい飾り方アレンジ
リボン・ビニール袋・紙皿

ここはおさえて ワンポイント戦隊！
- 石けんの泡に絵の具を少し混ぜるとカラフルなクリームになる。
- 誤飲には十分に注意して活動をおこなう。

お腹がへってきたゾ

作り方
材料／キッチン用などのスポンジ・石けん・お湯・輪ゴム・レースペーパー・
トッピング用（スパンコール・ビーズ・スーパーボール・リボンなど）
用具／はさみ・チーズけずり・ボウル・泡立て器・絞り袋・両面テープ

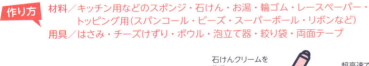

スポンジを切る。　石けんクリームを作る。　超高速でシャカシャカ泡立てる。　クリームを絞ったり、トッピングして飾る。

石けん1/2に対しお湯（40〜50cc）を2〜3回くらいに
分け入れ、勢いよく一気に泡立たせる。
クリームチーズのような固い泡になればOK。

巻く
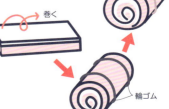
輪ゴム

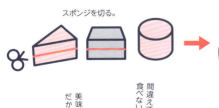
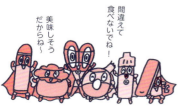
間違えて食べないでね！
美味しそうだからね〜

| No.96 | 難易度 ★★★★ | カラーページ P.24 |

使おう！
お道具戦隊出動！
はさみ

お菓子の家

ウエハースやビスケットを好きな形に組み立てて、
アイシングで接着すればお菓子の家が完成。

作り方

材料／粉糖・水・ウエハース・ビスケット・チョコやグミなどの好きなお菓子
用具／ボウル・スプーン・絞り袋・輪ゴム・はさみ・紙皿

ボウルに入れた粉糖（150g）に水（約15cc）を少しずつ加えながら練り混ぜる。ボウルの側面にアイシングをつけてもたれないくらいになれば◎。

できたアイシングを絞り袋に入れて口を輪ゴムでキツく縛り、先端を切る。

紙皿の上にウエハースやビスケットを並べて、床や壁をアイシングで接着していく。アイシングははみ出すくらいに、できるだけたっぷりとつける。

土台と屋根を組んでアイシングで接着していく。

家の形ができたら好きなお菓子をはりつけて、お菓子のお家のできあがり。

| No.97 | 難易度 ★★ | カラーページ P.24 |

使おう！
お道具戦隊出動！
はさみ

フェイスフラワー

カラフルなアイシングでデコレーションされたフラワー。
遊んだあとは食べられるのもうれしい。

美味しく食べてね☆

作り方

材料／粉糖・食紅・水・丸いビスケット2枚・花形パイ4枚・装飾用のお菓子
用具／ボウル・スプーン・絞り袋・輪ゴム・はさみ・紙皿

イメージやアイデアを形にしやすいように、食紅を使いできるだけたくさんの色のアイシングを用意する。色は分離しやすいので使う直前に作る。口金がない場合は、はさみで袋の先端を切る。

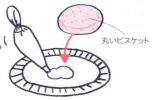
丸いビスケット
紙皿に固定用アイシングを塗り、丸いビスケット1枚をのせて固定する。

丸いビスケットの上に花形パイを4枚のせ、その上にもう1枚丸いビスケットを重ねて顔の土台を作る。

いろんな色のアイシングで顔を描いたり、装飾用のお菓子でデコレーションする。

冬 紙皿ツリー／ダンシングサンタ

No.98 難易度 ★★★　カラーページ P.25

紙皿ツリー

紙皿を折るだけでツリーに変身！
クリスマスの盛りあげアイテムにぴったり。

使おう！
お道具戦隊出動！

作り方
材料／紙皿（18㎝・20㎝）・色紙・モール・ビーズ・たこ糸
用具／はさみ・のり・穴あけパンチ・カルコ（又はキリ）・カラーペン

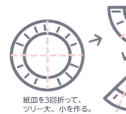

紙皿を3回折って、ツリー大、小を作る。

紙皿の好きな所へ穴を開け飾りのモールを通す。
中央に穴を開けて紙皿を糸でつなぐ。

パンチで穴を開ける。
飾りを貼る。

上　横　穴

一度広げて、図のように折り直し、穴を開ける。

ビーズを通したモールを通して飾る。
ビーズを結んだたこ糸を通す（ストッパーになる）。

No.99 難易度 ★★★★　カラーページ P.25

ダンシングサンタ

紙皿1枚でできるサンタのしかけ人形。モールを引っ張れば、
手足が動いてサンタがダンスをしているみたい！

使おう！
お道具戦隊出動！

作り方
材料／紙皿・モール（太）・割りピン（小さめのもの）・
輪ゴム（12番～14番などの小さめのもの）・
チェーリング・色画用紙・綿
用具／はさみ・穴あけパンチ・カラーペン・
クレヨン

ここはおさえて
ワンポイント戦隊！

✤ 輪ゴムは12番～14番などの小さめのものを使うと、うまく紙皿にひっかかる。

✤ 手足を上手に動かすためには、輪ゴムをかけるための切り込みの位置と割りピンのバランスをきちんととることが大切。

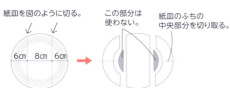

紙皿を図のように切る。
6㎝ 8㎝ 6㎝
この部分は使わない。
紙皿のふちの中央部分を切り取る。

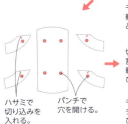

ハサミで切り込みを入れる。
パンチで穴を開ける。

モールの先を丸めて輪ゴムを縛るようにとめる（保育者）。

切り込みと割りピンに輪ゴムをひっかける。

裏

モールの先にチェーリングをひっかける。
輪ゴムをねじってひっかける（保育者）。

色画用紙
綿

カラーペンやクレヨン、丸シールなどでサンタの服を描いて飾る。

ウラはこんな感じ

No.100 難易度 ★★〜★★★　カラーページ P.25

クリスマスアドベントカレンダー

自分が作った数字の扉を開ける日が待ち遠しくなる、アドベントカレンダー。

作り方
材料／色画用紙・絵の具・色紙・モール・段ボール(土台)
用具／クレヨン・筆・鉛筆・はさみ・のり

【はじき絵】

クレヨンで数字を描く。
上から絵の具を塗る。

【切り絵】
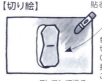
貼る。
色紙を数字で切り抜いたり、0・1・8は半分に折って切り抜くこともできる。
クレヨンで塗る。

【ちぎり絵】

色紙をちぎって下絵に合わせて貼る。
クレヨンで塗る。

【モールの数字】
クレヨンで塗る。
好きな太さのモールをよりながら数字の形を作る。

ここはおさえて ワンポイント戦隊！

＊はじき絵、ちぎり絵、モール、切り絵など、いろいろな技法でカレンダーの数字を作ることで、数字に対する関心も高める活動に。

扉を閉めるとこんな感じだよ →

使おう！お道具戦隊出動！
クレヨン／はさみ／のり類

No.101 難易度 ★★★　カラーページ P.25

クリスマスカクタス

北半球ではクリスマスの時期に咲く花として知られるクリスマスカクタス（シャコバサボテン）。モビールみたいにお花がゆらゆら揺れてかわいいよ。

作り方
材料／色画用紙(四ツ切り)・色紙・キラキラ色紙
用具／定規・はさみ・ホチキス・のり・クラフトパンチ

四ツ切り色画用紙を5cm残して2cm幅で連続切りする。

輪にして重なったところをホチキスでとめる。

重なったところの内側と反対側の帯をのりでとめる。ほかの帯は外側に指でしごきながらたらす。
のりづけ。

色紙で花を作る。

開く
切り取る。

パンチしたキラキラ色紙と色紙の花をはる。

使おう！お道具戦隊出動！
はさみ／ホチキス／のり類
かっこいい名前だね！

ゆら〜　ゆらゆら〜

冬 吹きごま／CDごま

No.102 難易度 ★★　カラーページ P.26

吹きごま

色紙だけで作れる吹きごま。
いろいろな色や模様の色紙でたくさん作って遊ぼう。

作り方　材料／色紙
　　　　　用具／はさみ・紙コップ・鉛筆・定規

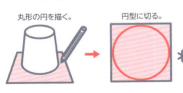
丸形の円を描く。 → 円型に切る。

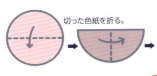
切った色紙を折る。 広げて切り込みを入れる。
1cmの切り込み

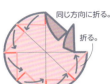
同じ方向に折る。 折る。

上

横

使おう！お道具戦隊出動！
はさみ

遊び方
完成した吹きごまに真上から息を吹きかけると、こまが軽やかに回るよ。

フーッ！
クルッ
クルッ

No.103 難易度 ★★　カラーページ P.26

CDごま

虹色のグラデーションがなんともきれいなCDごま。

作り方　材料／CD・ビー玉・ペットボトルのふた
　　　　　用具／油性ペン・セロハンテープ

使おう！お道具戦隊出動！
ペン類　テープ類

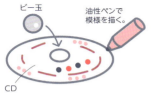
ビー玉　油性ペンで模様を描く。
CD

横
セロハンテープを貼る。
ペットボトルのキャップ。
かぶせる。
セロハンテープは十字に貼る。

遊び方
ペットボトルのキャップを指でつまんで回してみよう。

ここはおさえて ワンポイント戦隊！
✻CDごまは耐久ごまの一種で、平らな机の上などでは長く回り続けることができるよ。

回すと…
わたくしもいっしょにクルクル

No.104 難易度 ★★★　カラーページ P.26

巻きごま

持ち手が長く両手で回せるから、低年齢児の遊びにもおすすめ。

作り方　材料／丸ばし（15㎝）・片段ボール
　　　　　用具／両面テープ

使おう！お道具戦隊出動！
テープ類

ここはおさえて ワンポイント戦隊！

❖ 丸ばしのかわりに、フランクフルトの棒を使ってもOK。

No.105 難易度 ★★　カラーページ P.26

ブンブンごま

ひもを引っ張ったり緩めたりすると、ブーンブーンと大きな音をたててこまが回るよ。回ったときの模様もとてもきれい。

作り方　材料／工作用紙3枚（碁盤目のあるもの）・ひも（1.2m）
　　　　　用具／はさみ・のり・定規・鉛筆・カルコ（又はキリ）・油性ペン

使おう！お道具戦隊出動！
はさみ　のり類　ペン類

ここはおさえて ワンポイント戦隊！

❖ 糸の張りがV字にならず、常に一直線になるように伸び縮みさせるのが回すコツ。
❖ 慣れてきたらこまを巻かず、糸を左右にチョンチョンとひいて、ひもの「より」を大きくするように回してみよう。
❖ ひとりでいくつ回せるかや、3人で3個回し、4人での4個回しなどにも挑戦しよう。

遊び方
こまを4〜5回巻いたら、左右に強く引く。このとき、こまの回転が逆になり始めたらひもの張りを緩めて、こまが逆になり始めたらひもを強く引くことをくり返すと、こまが音をたてて回りはじめるよ。

No.106 難易度 ★★★★

ちびっこシシマイ

口をパクパクさせて遊べるシシマイ。
いろんな表情のシシマイをみんなで作れば、お正月飾りにピッタリ。

使おう！お道具戦隊出動！

はさみ　ホチキス　のり類　ペン類　テープ類

ここはおさえて ワンポイント戦隊！

❖ きちんと口をパクパクさせるには、ストローをしっかりと内貼りすることが大切。作業中に子どもたちに言葉かけを。

❖ 友だち同士で口を動かしながらお話したり、歌に合わせて口を動かしたり、コミュニケーショングッズにも。

遊び方
シシマイを持って割りばしを前後に動かすと、口がパクパク動いて楽しい。口の開け閉めをくり返すと、パクパクと音も鳴るのでためしてみて。

パクパク

作り方

材料／紙パック・色画用紙・不織布・曲がるストロー・割りばし・毛糸・画用紙
用具／はさみ・カルコ(又はキリ)・ホチキス・のり・油性ペン・布ガムテープ・両面テープ

紙パックの賞味期限などが書いてある部分を切り取る。

底
割りばしが1本通る穴を開ける。

折り線をつける。
切り込みを入れる。

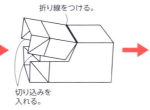
元の折り目通りに折りたたみ、上下2カ所ずつ、ホチキスでとめる。

赤い色画用紙を貼る。
油性ペンで不織布に唐草模様を描く。
顔
画用紙を貼り線を描く。

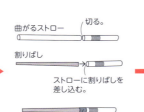
曲がるストロー
切る。
割りばし
ストローに割りばしを差し込む。
布ガムテープでとめる。

底に開けた穴に、ストロー側から差し込む。

上あご(内側)の辺りに、ストローを布ガムテープでしっかりとめる。

毛糸で髪を作り、両面テープで貼る。
好きな形に色画用紙を切って耳を作る。
画用紙に目を描いて貼る。
鼻の穴を描く。

No.107 難易度 ★★★★
バランスストロー凧

長さを測らずに、ストローの長さを基にして簡単に作れる軽量凧。

作り方
材料／カラービニパック・ストロー・たこ糸・段ボール
用具／はさみ・セロハンテープ・ビニールテープ

使おう！お道具戦隊出動！

ここはおさえて ワンポイント戦隊！
- ストローの長さと凧のサイズや比率を考えた構造なので、そよ風でも凧があがるよ。
- 凧はバランスが命。ストローが垂直に交差しているか、糸はちょうど交差点の中央に結びつけられているか必ずチェックして。

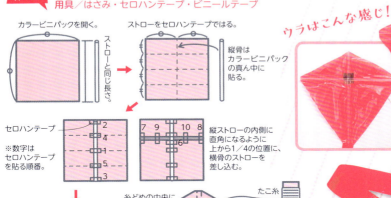

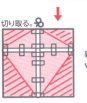
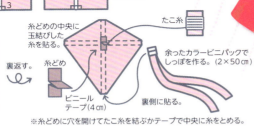

No.108 難易度 ★★★★
ビニパック大凧

かさ袋が縦骨になる大凧なので、子どもが飛ばしても安全。

作り方
材料／カラービニパック・かさ袋・輪ゴム・たこ糸
用具／はさみ・布ガムテープ・穴あけパンチ・油性ペン・両面テープ

使おう！お道具戦隊出動！

ここはおさえて ワンポイント戦隊！
- かさ袋は二重にすると空気が抜けにくくなるよ。
- グループで製作して、みんなで絵を描いても◎。

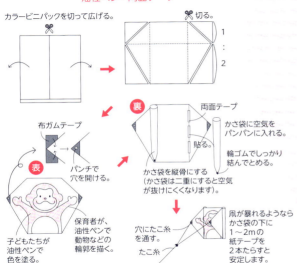
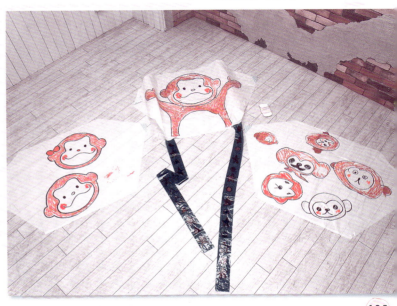

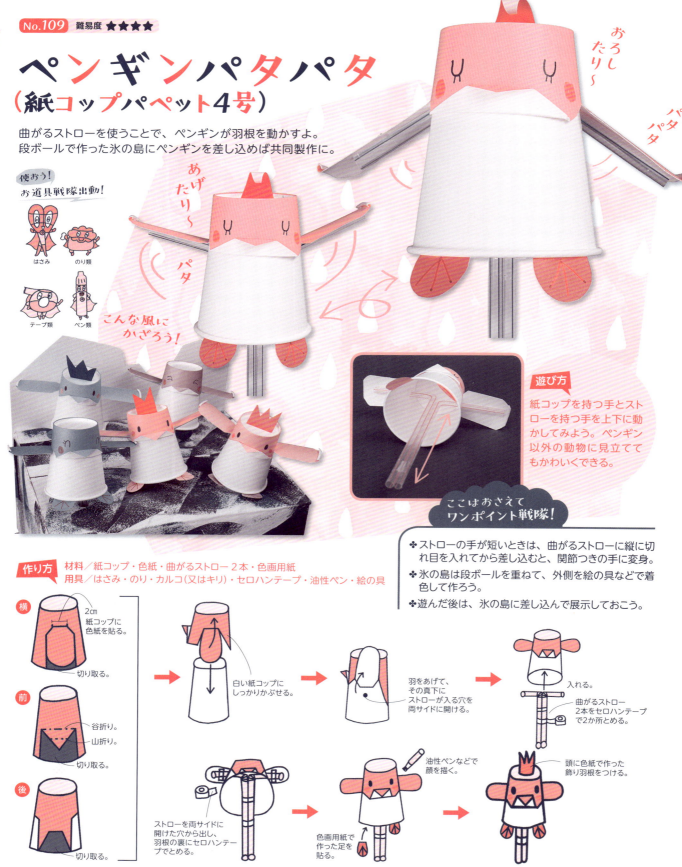

No.110 難易度 ★★★
着せかえおひなさま

おひなさまの服はきせかえ可能なので、お友だちの服と交換して遊べるよ。

作り方
材料／紙コップ3個・紙皿・色画用紙・丸シール・色紙
用具／はさみ・水性ペン・ホチキス・セロハンテープ・マスキングテープ・クレヨン・のり

使おう！お道具戦隊出動！

No.111 難易度 ★★★
色紙風船おひなさま

色紙の風船を折っておひなさまにしよう。
はなおりがみで飾られた紙皿アーチに置けば、よりかわいい。

作り方
材料／色紙・紙皿2枚・はなおりがみ・ボタン・色画用紙・ティッシュペーパー・つまようじ・モール・割りばし・毛糸・画用紙
用具／のり・はさみ・両面テープ・油性ペン

冬 ゆらりんおひなさま

No.112　難易度 ★★★★

ゆらりんおひなさま

指でチョンと触るだけで、おひなさまが気持ちよさそうにゆらゆら揺れるよ。
誰のおひなさまがいちばん長く揺れているかな？

使おう！
お道具戦隊出動！

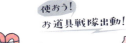

作り方
材料／紙パック・紙皿・丸シール・シール色紙・モール・紙コップ・色紙・色画用紙・重り（使用済みの単3乾電池など）
用具／はさみ・ホチキス・のり・水性ペン・ビニールテープ・クラフトパンチ

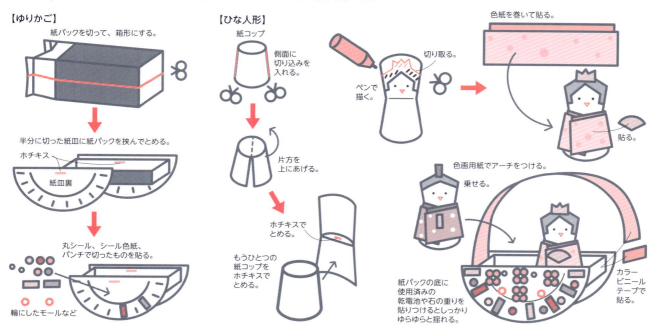

No.113　難易度 ★★★　カラーページ P.27

思い出のアルバム

園生活の思い出を詰め込んだアルバム作りにおすすめ。
卒園するまでは立てて保育室に飾れるデザインなのがうれしい。

使おう！
お道具戦隊出動！

はさみ　ペン類　のり類　クレヨン

個性がでるね
ボクならどんなの
作ろうかな〜？

作り方　材料／色画用紙（八ツ切り）・型紙・写真・シールなど
用具／はさみ・水性ペン・のり・クレヨン

八ツ切り色画用紙を縦半分に切ったもの。
山折り　谷折り

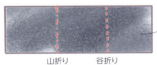
型に沿って切る。

折った色画用紙を型紙に合わせて、型をペンで描く。

つながっている部分は5cm以上残す。

名前を貼ったり、デコレーションする。

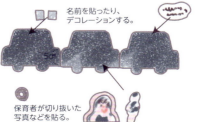

保育者が切り抜いた写真などを貼る。

ここはおさえて ワンポイント戦隊！

❖ 型紙は子どもたちの好きな形で。
❖ 強度維持と立たせるために、つなぎ目は5cm以上にする。
❖ 自分で名前を書いたり、誕生日、身長や体重、保育者のメッセージなどを入れて、ステキなアルバムにしよう。

109

夢のランドセル

No.114　難易度 ★★★★　カラーページ P.27

年長児が実際に背負えるサイズの手作りランドセル。
1年生になったらしたいことをランドセルに描こう。

使おう！
お道具戦隊出動！
クレヨン／のり類／テープ類／はさみ／ペン類

うしろはこんな感じ！

底はこんな感じ！

開くとこんな感じ！

作り方

材料／画用紙・丸シール・面ファスナー・茶封筒(A4サイズ)・シール・DXツヤ紙・ひも
用具／クレヨン・のり・ビニールテープ・はさみ・両面テープ・ペン・布ガムテープ

マーク代わりに自画像を描いた絵を貼る。
丸シール
自分で名前を書く。

面ファスナー
貼る。
裏
貼る。

1年生になったらやりたいことを絵に描く。
画用紙

ここはおさえて ワンポイント戦隊！

❖ ベースの茶封筒は補強のために2〜3重に重ねる。
❖ DXツヤ紙を使えば皮っぽい光沢感を出せるのでおすすめ。
❖ 卒園間近だからこそ、作りたいイメージを明確にしながら作れるような言葉かけを。

絵などを自由に描き、シールなどで飾る。
貼る。
ビニールテープなどで補強する(2〜4cm幅)。
底に面ファスナーを貼る。
補強するため茶封筒を2〜3重にする(保育者)。

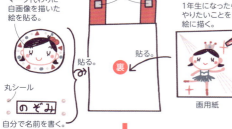

ひもをつける。
DXツヤ紙を切り、ビニールテープを巻いてカラフルにする。
両面テープでとめて、上から布ガムテープなどでとめる(上も同様)。

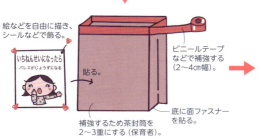
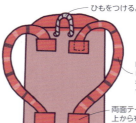

No.115　難易度 ★★★★　カラーページ P.28〜29

はるのかぜにのって

卒業＆入学シーズンにぴったりな共同製作。
自分が将来なりたい職業を想像しながら、等身大の人形を自由に作ってみよう。

使おう！お道具戦隊出動！

ペン類　はさみ　のり類

冬　はるのかぜにのって

作り方
材料／絵の具・中性洗剤・水・ロール紙・段ボール・布・色画用紙
用具／ローラー・油性ペン・はさみ・のり又は木工用接着剤

【台紙】

春の風を想像しながら
絵の具で春の風の色を作る。
絵の具には水と中性洗剤を
入れて混ぜると色のりがよい。

ロール紙に春の風を
想像しながら
ローラー遊びをする。
何回も上から色を重ねる。
※色を重ねるときは、
　下の色が少し
　乾いてからにする。

ここはおさえて ワンポイント戦隊！

✣ 人型をとるときには、友だち同士で協力
　しあって、おこないましょう。
✣ 完成した作品はホールなどに貼り、卒園
　式などのディスプレイにしてもステキ。

【人形】

段ボールにあおむけになり
人型をとる。

人型を切り抜き、自分の
等身大人形のベースを作る。

将来、なりたい自分を
想像しながら布や色画用紙
などで職業にあった服を作る。

春の風の台紙に
なりたい自分を貼る。

111

著者紹介

竹井 史（たけい ひとし）
同志社女子大学 現代社会学部
現代こども学科 教授

大阪府出身。林 竹二、灰谷健次郎に影響を受け、大学時代を沖縄で過ごす。筑波大学大学院人間総合科学研究科後期博士課程芸術専攻満期退学。富山大学人間発達科学部教授、愛知教育大学教育学部教授、愛知教育大学附属名古屋小学校校長などを歴任。これまで、もの作りを中心とした様々な遊びイベントを主宰し、7万人以上の親子とふれあう。現在は、幼児に望ましい土環境のあり方と援助や身近な材料による手作りおもちゃについて研究をすすめている。

ホームページ：タケイラボ https://www.takeilab.com

Special thanks!
ご協力いただいた方々
- 愛知県刈谷市立　さくら保育園のみなさん
- 愛知県刈谷市立　かりがね保育園のみなさん
- 富山県滑川市　同朋こども園のみなさん
- 埼玉県戸田市　戸田駅前さくら草保育園のみなさん
- 東京都荒川区　南千住駅前保育所 おひさま保育園のみなさん

Staff

❖ 作品製作
さくら保育園の園児のみんな
かりがね保育園の園児のみんな
同朋こども園の園児のみんな
渡守武裕子／山口みつ子／藤江真紀子／すが みほこ／
イシグロフミカ／星野はるか (KUMA'S FACTORY)／
いわいざこ まゆ／いとう・なつこ／マメリツコ／公文祐子

❖ 作り方イラスト
ハセチャコ／渡守武裕子／山口みつ子／藤江真紀子／すが みほこ／
つかさ みほ／イシグロフミカ／星野はるか (KUMA'S FACTORY)／
いわいざこ まゆ／いとう・なつこ／マメリツコ／公文祐子

❖ 撮　影
亀井宏昭／花田真知子／小口隆志／竹中博信／竹井 史

❖ ライティング
渡辺歌織

❖ お道具戦隊・作るんジャー イラスト
えのきのこ

❖ 装丁・デザイン
代々木デザイン事務所

❖ 編　集
関口千鶴

子どもの 作って遊べる art book
まいにち ぞうけい 115

おわりに

本書作成にあたってご協力いただいた、滑川市同朋こども園 蜷川徳子先生、刈谷市立さくら保育園 柘植いづみ先生、同かりがね保育園 中野恵美先生はじめたくさんの先生、園児のみなさま、そして、本書の編集の労をとっていただいた編集部の関口千鶴さま、スタッフのみなさま、株式会社メイトのみなさまに心より感謝申しあげます。

竹井 史

2017年12月1日　初版発行ⓒ
2023年5月15日　第4版発行

著　　者	竹井 史
発 行 人	竹井 亮
発行・発売	株式会社メイト
	〒114-0023　東京都北区滝野川7-46-1
	明治滝野川ビル7・8F
	電話03-5974-1700（代）
製　　版	光進プロセス
印　　刷	長野印刷

本書の無断転載は禁じられています。
ⓒMEITO2017 Printed in Japan

※本書は、月刊保育雑誌『ひろば』2014年4月号〜 2017年3月号までの竹井 史先生監修の連載に新たな内容を加筆し製作したものです。

※シリーズ本『造形道具の知識と技能が楽しくしぜんに育つ本』（メイト）も大好評発売中です。